길들여진 냉소주의자의 노트

Leaves from the Notebook of a Tamed Cynic
by Reinhold Niebuhr
Copyright ⓒ 1929, ⁵1964 by The World Publishing Company
Korean Translation Copyright ⓒ 2013 by Dong-Yeon Press
All rights reserved.
The Korean language edition published by arrangement with Reinhold Niebuhr

이 책의 번역출판권 계약을 위해 저작권자인 고(故) 라인홀드 니버의 딸 Ms. Elisabeth Sifton에게 이메일로 네 차례에 걸쳐 번역출판 계약을 요청했으나 답장이 없어 부득이 추후 연락이 오는 대로 정식으로 계약하기로 하고 출간하게 되었다.

Leaves from the Notebook of a Tamed Cynic

목회자 라인홀드 니버의 목회 단상

길들여진 냉소주의자의 노트

라인홀드 니버 지음 | 송용섭 옮김

옮긴이의 글

이 책은 라인홀드 니버가 예일 신학대학원을 졸업한 후 뉴욕의 유니온 신학교 교수로 임용되기 전까지 13년간의 목회 경험을 신학적으로 성찰한 에세이 형식의 일지이다. 이 책에는 니버가 디트로이트 시의 한 작은 교회 초보 목사로 부임하여 완숙한 목회자로 성장하기까지, 당시의 교회와 목회에 대해 느꼈던 개인적 감정과 비판적 사유의 여정이 꾸밈없이 솔직하게 담겨져 있다. 또한 유명 강사로서 다양한 모임에서 강연을 하며 보고 느꼈던 미국 사회의 모순을, 자기비판적인 신학적 통찰을 통해 예리하게 분석해내고 있기도 하다.

목회의 소소한 일상으로부터 풍부한 통찰을 이끌어내고 있는 이 책은, 니버의 인간적인 면모와 내면세계까지도 자세히 기록하고 있다. 덕분에 나는 책을 번역하는 과정 속에서 그동안 추상적으로만 알던 니버와 좀 더 가까워진 느낌을 갖게 되었다.

이 책에 나타난 니버의 고민과 자기성찰은, 지금으로부터 거의 1백 년 전의 글이라곤 믿기 어려울 정도로 현대적이고 날카롭다. 개인과 사회집단들의 현실적 한계와 역설적 가능성을 분석적으로 제시함으로써, 라인홀드 니버는 날이 갈수록 심화되는 사회적 부정의와 불평등의 현실 속에서 우리가 언제나 올바르고 선한 삶을 살아갈 수 있는 초석을 놓아준다. 또한 신학자이자 목회자로서 니버의 성찰과 사상이 담긴 이 책은, 세계화가 가져온 사회경제적 부작용과 이에 대해 침묵하는 교회의 무기력을 경험하고 있는 오늘날의 한국 사회와 교회에게 진지한 자기반성의 계기를 제공해줄 것이다.

   니버 특유의 수사적 문체들과 시대적·문화적 배경의 차이 탓에 이 책을 번역하는 데 어려움이 많았다. 최선의 번역을 위해 노력했지만 혹시라도 있을 수 있는 오역은 오직 부족한 내 자신의 역량에서 비롯된 것임을 미리 밝혀둔다. 또한 이 책이 나오기까지 많은 수고와 조언을 아끼지 않은 동연출판사 김영호 사장님과 식구 여러분들께 이 글을 통해 다시 한 번 감사드린다.

2012년 귀국한 이후, 얼굴조차 서로 마주할 틈 없는 바쁜 생활 속에서도 낯선 환경에 잘 적응해준 사랑하는 딸 재윤이, 그리고 언제나 나에게 가장 큰 힘이 되어주는 사랑하는 아내에게 미안함과 감사의 마음을 함께 전한다.

2013년 5월

송용섭

1956년도판 서문

필자가 4반세기보다 더 전에 처음 출판했던 책을 재출판하게 되어, 일부 새 독자들이 그 책의 논평에 나타난 진부한 내용을 보고 경악할 지경에 이르게 되는 것에 당연히 부끄러움을 느낀다. 이러한 자서전적인 일지들은 일상적인 것보다 더 진부하기 때문에 부끄러움이 더욱 심하게 느껴진다. 그것들은 디트로이트라는 발전하는 도시에서 처음으로 목회를 시작한 젊은 목회자의 경험들에 의해 시작되었다. 몇몇 논평들은—지금은 그 정세를 지배하고 있지만, 당시에는 노동조합에 대해 아직 들어보지도 못했던 시절에 성장하던 자동차 산업의 소재지였던—거대한 도시 중심부의 사회 분위기에 한 줄기 빛을 비춘다는 면에서 어렴풋이 역사적 중요성을 지닐 수도 있을 것이다.

그러나 그 일지들은 기본적으로 사회적인 문서가 아니다. 그것들은 젊은 목사의 자기 폭로로서, 모든 자유주의적 세계관이 세계적 사건들에 의해 도전 받기 전에, 당시의 자유주의적 프로테스탄티즘의 전형적 개념들을 자유로이 표현했다. 물론 그것들은 제1차 세계대전 이후에 쓰였다. 그러나 그 전쟁이 미국의 자유주의적 문화에 본질적으로 도전했던 것은 아니다. 그것은 제1차 세계대전 이후에, 유럽에서는 상실되었지만, 미국에서는 남아 있던 낙관주의를 부식시킨 공황과 또 다른 세계대전을 필요로 했다. 이 일지들 속에 젊은 시절의 목회에 영향을 미친 전반적인 종교적 전제들에 대한 편치 않은 심정을 나타내는 약간의 암시들이 있다. 그러나 전체적으로는 그 책이 출판된 지 단지 몇 년밖에 지나지 않아서 저자와 대다수 동료들의 영혼 속에 일어났던 저항에 대한 진지한 증거들은 없다. 따라서 우리의 어떠한 가식에도 불구하고, 우리 모두가 우리 시대의 자녀들이라는 사실에는 논박의 여지가 없다. 우리가 사람과 하나님, 죄와 구원에 대해 생각하는 것은, 부분적으로 우리가 거하는 상대적 안락함과 불편함에 의해 시작되었다. 그것은 인간의 영혼이 역사적 변화의 흐름을 초월할 수 없음에 관한 아주 냉철한 성찰이다.

아마도, 필자의 관점이 지닌 '진부한' 특징 때문에 느끼는 필자의 부끄러움에 대하여 너무 말을 많이 한 것 같다. 일지들은 주로 젊은 목사의 경험을 기록한 것이며, 또 다른 젊은 목사들에 대한 관심을 나타내고 있다. 나는 일지들이 지역 교구에서 복음을 전하고 '양떼를 돌보는' 중에 느낄 수 있는 만족을 드러낸다는 사실에 대해서는 부끄러움이 없다. 그리고 또한 그것들이 기독교 목회에서 부딪치는 변화무쌍한 문제와 이슈들의 일면을 드러낼 수 있기를 바란다. 학문적 삶 속에 지낸 지 4반세기가 넘었지만, 여전히 나는 왜 그렇게 지역 교구를 떠나기를 주저했는지 이해할 수 있다. 모든 수준에서의 행복과 고통에 관한 인간적 문제들을 타개하며, 대도시의 척박한 익명성 속에서 '은혜의 공동체'를 형성하는 데 도움이 되고자 노력하는 교구 목사의 삶과 비교할 때 학문적 삶은 고도로 전문화된 것처럼 보인다.

나는 목회의 문제들과 직무들에 다가갈 때 취했던 미성숙함은 후회하지만, 교구에 바쳤던 그 시절들은 후회하지 않는다.

1956년
라인홀드 니버

서 문 과 사 과

여기에 적힌 대부분의 성찰들은 지역 목회 경험으로 촉발되었다. 일부는 교회들과 전미 대학들에 있는 지인들과의 연락에서 기인한 것이다. 일부의 의미에 대해 좀 더 실마리를 제공하자면, 그것들은 소형 교회를 13년의 기간 동안 상당한 규모의 교회로 성장시킬 수밖에 없게 만든, 자연 증가추세에 있는 도시의 산업 공동체 속에서의 목회를 배경으로 하고 있다는 것을 말해야만 할 것이다. 독자가 이 글들을 읽을 때 즈음이면, 저자는 자신의 목회 활동을 학문 추구와 맞바꾸었을 것이다.

원고의 일부는, 특별히 후기에 기록한 것들은, 어떤 형태로든 대중이 보게 될 것임이 거의 확실해졌던 때 이후에 쓰였음을 솔직히 고백한다. 따라서 개인적인 일기의 자기 폭로성을 특징짓는 그런 형태의 정직을 유지하기가 심리적으로 어려웠다. 독자는 어떠한 자기 훈련도 대중을 염두에 둔 말들에서는 없앨 수 없는 무의식적인 불성실을 간과하지 않도록 끊임없이 주의―비록 그러한 주의가 피상적이라 할지라도―해야만 할 것이다.

출판용 원고들은 산업적이고 도시적인 공동체에서 현대 목회자가 갖는 전형적 문제와 그러한 문제들에 대한 젊은 목사의 다소 전형적인 반응은 어떤 것일지 드러내기 위해 선택되었다. 이러한 성찰이 나타난 목회에서 새롭고 깜짝 놀랄 만한 것은 아무것도 시도되지 않았다. 그것들을 출판한 것에 대해 어떤 변명거리가 있다면, 그것들이 현대 교회와 목회의 문제들에 대한 어떤 가능한 해결책을 제시한다기보다는 그러한 문제들을 조명할 한 줄기 빛을 제공한다는 점이다.

저자는 출판사들이 책을 옥죄여서 그의 경솔함을 고백하게 하기를 반쯤 바라며, 불편한 심정으로 책을 출판한다. 원고의 일부는 너무나 어리석어서 어떤 출판물에도 포함될 만한 가치가 없는 것들이고, 그것들은 현대 목회의 문제들을 비판적으로 다루는 원고들의 배경으로만이 정당화될 수 있다. 불행히도, 많은 경우에서, 후자는 너무 무례해서 훌륭한 맛이 없고, 나는 그것들이 지니는 비판적 가치가 어떤 것이건 간에 없애지 않으면서 그 무례함을 제거하는 세련됨이 부족했다. 나는 비판의 일부에서 고백한 것들을 촉발한 정신을 정상 참작하여, 저자가 비판적인 독자 자신이 예측할 수 있는 것―자기 자신이 가장 하고 싶지만 다른 사람이 그러면 가장 비판적이 되는 경향―을 모르지는 않았다는 점만을 강조하고자 한다.

현대의 목회는 곤경에 처해 있다. 왜냐하면 그것은 동시대 문명의 지배적 이익과 편견에 직접적으로 충돌하고 있는 이상들을 지지(직업적으로, 그것에 대해)하는 것에 대한 헌신이기 때문이다. 이러한 충돌이 미국만큼 명백한 곳은 없는데, 거기에서는 예전의 신성함이나 새로운 사회적 통찰력들이 유럽에서처럼 산업 시대의 무관심한 경제 세력들을 제한하지 못하는 경향이 있다.

이상의 완고함과 하루의 필요들 사이에서 반드시 타협이 이루어져야만 하거나, 혹은, 이루어지게 된다. 항상 그래 왔던 것이지만, 다른 세대들에서보다 오늘날의 통찰력 있는 관찰자에게 그 결과적인 타협들은 좀 더 분명해 보인다. 우리는 세계를 의식하는 세대이고, 우리의 재량에 따라 인간의 보다 광범위한 사회적 관계를 특징짓는 그 잔혹성들을 보고 분석하며, 인간을 기계적으로 결합시키면서 영적으로 고립시키는 문명의 비인간적 영향에 대해 주목할 수단을 지니고 있다.

우리의 지식은 궁극적으로 우리를 구제할 수단이 될 수 있겠지만, 일시적으로는 우리가 자기 존중과 상호 존중을 못 하게 막는 것처럼 보인다. 우리가 애쓰는 장면은 거시적으로 볼 수 있지만 우리 삶은 미시적으로 살아가기 때문에, 모든 의식 있는 목사들은 쉽게 허무감에 빠지기 쉽다. 그러나 더 높은 데서 내려 보는 시각은 위험성뿐만 아니라 이점들도 지니고 있다. 그것은 과도한 자기기만에서 우리를 구해준다. 이상을 지지하는 사람들은 쉽게 감상주의에 빠진다. 외부에서 사욕 없이 바라볼 때 이러한 감상주의는 위선처럼 보일 수 있다. 만약 그것이 단지 감상주의이며 자기기만에 불과하다면, 좀 더 가까운 거리에서 보게 되는 경우에, 그것을 최소하려는 아주 확고한 노력이 없이는 그것은 실제 위선으로 변질될 수 있다.

강대상에서건 신도석에서건, 우리 시대의 도덕적 혼동을 현실적으로 다루면서 실질적인 위험일 수 있는 냉소주의적인 태도를 피하는 것은 쉬운 일이 아니다. 제한된 영역 안에 기독교 원칙들을 적용하려는 지나친 열중에 사로잡혀서 그 세대 지배적 이익들이 지닌 본질적으로 비윤리적 본성을 모호하게 만들려는 세대는, 사실상 무자비한 풍자를 받을 만하고 도움 되는 면도 있을 것이다. 그러나 풍자의 교육적 장점들은 모호하고, 어쨌거나 내부 비판자는 이기적이고 사회적인 이유로 인해 그 무기들을 버릴 것이다. 자기 방어를 위해 그는 그 자신의 삶에서 나타나는 한계들은 아주 너그럽게 다룰 것이다.

또 다른 이유로 그는 판단을 관대하게 할 것이다. 무의식적인 감상주의와 자기기만 때문에, 그는 사실들을 사적으로 보게 되어 외부 비판자들이 위선이라 부를 만한 것들을 진정으로 정직한 것이라고 여기게 될 것이다. 미덕들이 도덕적 한계들을 감추도록 이용될 때, 비판자들은 그 미덕들이 가짜라고 너무 확신하면 안 된다. 때로 그것들은 가짜이기도 하다. 그러나 때로 그것들은 단지 이런 탁월함들이 우리 시대의 문제들에 대해 이미 관련 없어진 지 오랜 후에 지난 시대의 탁월함들을 보존하기 위한 정직하나 근시안적인 사람들의 노력을 나타내기도 한다. 혹은 때로 그것들은 적용이 꽤나 쉬운 제한적이고 즉각적인 행동 범위에 기독교 이상을 적용하려는 노력에서 나오기도 한다. 그러한 경우에 기독교 이상주의자가 그의 이상과 원칙을 보다 멀고 보다 복잡한 관계들에 적용하는 걸 막는 것이 관점의 결핍 때문인지 아니면 용기의 결핍 때문인지는 누구도 절대적으로 확신할 수 없다.

목회가 특별히 오늘날 기독교인들의 도덕적 삶을 괴롭히는 자기기만에 빠지기 쉽다는 것은 분명하다. 만약 위대한 도덕적 이상들을 삶 속에서 실현하려는 시도 없이 그것들을 마음에 품는 것이 위험하다면, 그 시대의 특정한 사회적·도덕적인 이슈들과 나란히 비교하려 하지 않고 추상적인 용어로만 그것들을 선포하는 것은 훨씬 더 위험하다. 도덕적 이상들을 제시할 때 목회자가 갖는 섣부른 만족은 그가 대체로 비판보다는 감사해하는 태도가 훨씬 더 지배적인 공동체의 지도자라는 사실 때문에 더욱 악화된다. 따라서 목회자는 존경을 표하는 교구원들에 의해 유지되는 자기 자신의 도덕 수준에 대한 터무니없는 생각에 쉽게 속아 넘어간다. 이러한 감사가 얼마만큼이나 전이된 종교적 감정을 나타내는 것인지 이해할 수 있다면 그는 자기 자신을 분석할 때 훨씬 현실적이 될 수 있을 것이다. 그리고 그가 특별한 이슈와 동시대 상황에 대한 도덕적 이상들에 대해 말해야만 한다고 생각한다면, 아마도 그는 즉시 자신에게 미숙한 신성함을 부여하는 후광을 파괴시키고자 하는 일련의 비판적 사고들을 하려할 것이다.

만약 목회자가 사람들 사이에 머무르길 원한다면 그는 모든 이들이 이론으로는 받아들이면서도 실행은 거부하는 추상적인 이상들에 대한 헌신을 만들어내기를 중단하고, 다른 사람들과 자신이 현재 우리 문명 안에 직면한 사회적 이슈들 속에서 그것들의 유효성과 실용성을 놓고 괴로워하기만 하면 된다. 그것은 즉시 그의 목회에 현실감과 가능성을 주며, 제거할 수 있고 반드시 벗겨버려야만 하는, 제사장들이나 직업적 성직자들의 특권인 인위적 명성을 없애줄 것이다.

개인적 삶의 복잡한 문제들뿐만 아니라 산업 사회의 도덕적·사회적 복잡함 속에서, 그들의 직무에 대해 완벽히 현실적이며 현 세대가 그 자신을 발견하도록 진정으로 돕기 열망하는 목회자들의 수는 교회 밖의 비판자들이 알 수 있고 기꺼이 인정하려는 것보다 훨씬 더 많다. 내가 만약 후회하는 것들이 있다면, 이 글들이 비판에 몰두되어 그러한 사람들을 부적절하게 취급하고 그들에게 감사해야 할 나의 빚을 청산하지 못한 것이다. 학자들과 간사들과 심지어 감독들이 무책임한 순회설교가 주는 관점과 안전함(물론, 상대적인)에 근거해 지역 상황에 처한 목회자를 비판하는 것은 비교적 쉽다.

순회 설교하는 '예언자'가 갖는 어떤 압박감도 목회자가 원칙들뿐만 아니라 상황들을 다룰 때, 예언자인만큼 정치가가 될 수밖에 없다는 사실을 바꿀 수는 없다. 특정한 상황들 속에서는, 완벽한 규범들이라는 면뿐만 아니라 목회자가 이끄는 사람들의 삶에서 이용 가능한 자원들을 고려하여 행위들을 평가해야만 한다.

정치인들은 정치적 수완이 쉽게 기회주의로 변질될 수 있으며 그러한 기회주의가 부정직과 명확히 구분될 수 없다는 점을 아는 것이 좋을 수 있다. 그러나 예언자는 그의 고귀한 관점과 판단의 비타협적인 본성이 그 속에서 항상 무책임한 기조를 띠고 있음을 깨달아야만 한다. 아시시의 프란시스는 교황 이노센트 3세보다 더 나은 기독교인이었을 것이다. 그러나 후자에 대한 그의 도덕적 우월성이 보이는 것처럼 절대적이었는지는 의문의 여지가 있을 것이다. 그렇다고 해서 정치인이자 기회주의자였던 에이브러햄 링컨이 예언자인 윌리엄 로이드 개리슨보다 도덕적으로 열등했다고 믿을 만한 어떠한 이유도 없다. 정치인들의 도덕적 업적은 그들이 반드시 검토해야만 하는 인류 사회의 한계들을 고려했는지의 여부로 판단되어야 하지만, 예언자들은 그럴 필요가 없다.

내 체질에 맞지 않는 교구 사역을 시작했다 마무리하면서, 열린 시각과 소명 안에 잠재된 미덕에 대한 위험성을 의식하면서 시작한다면 다른 어떤 소명보다도 도덕적 모험과 사회적 유용성에 대한 더 큰 기회를 제공할 것이라는 확고한 신념 속에서, 나는 그 소명에 찬사를 보낸다. 나는 내가 사랑하는 것에 대해 비판적이었던 것을 사과하지는 않는다. 아무도 환상에 근거한 사랑을 원하지는 않으며, 우리가 어떤 직업에 대해 비판적이면서 그것을 사랑하면 안 되는지에 대한 이유는 그 어디에도 없다.

라인홀드 니버

차 례

옮긴이의 글 5
1956년도판 서문 8
서문과 사과 11

1915

어느 초보 목사의 단상 25
심방 27
주일 설교 28

1916

성찬과 사례 30
작은 교파에 속한 열등감 32
젊은이들에게 다가가기 34
목사와 교수 35

1917

헌금 37

1918

신병훈련소를 다녀온 뒤에 39
전쟁과 삶 42

1919

개인전도 캠페인에 대하여 45
우드로 윌슨의 협상에 대해 47

믿음과 미신 사이 – Z양을 방문하고　49
　　　Z양의 병세 악화　51

1920

　　　목회를 좋아하기 시작하다　52
　　　설교의 자유　54
　　　청년부 모임에서　56
　　　T여사의 장례식　57

1921

　　　목회자와 경영자　59
　　　S여사　62

1922

　　　설교에 대하여　64
　　　신학 재해석의 올바른 전략　67

1923

　　　전쟁의 진실　69
　　　훌륭한 리더십　72
　　　유럽에서　75
　　　사랑이 넘친 성탄절　78

1924

　　　부흥회　80
　　　선임자와 후임자　82
　　　길들여진 예언자　83
　　　유럽에서 2　85
　　　비종교성　88
　　　예전의식에 대하여　90
　　　목회자의 허영심　92
　　　목회자의 청빈과 보수　94

목회자의 사례비　96
　　　장례식 설교　97
　　　추수감사절　99
　　　성공한 드럼 연주자　101
　　　윌리엄스 주교　103

1925

　　　교회와 윤리　106
　　　현대생활과 종교　108
　　　현대산업과 교회의 도덕성　110
　　　새 교구 조직　112
　　　서부 여행에 대하여　114
　　　성 금요일 성찬 예배　117
　　　목회자의 좌절감　119
　　　예언자적 설교　120

1926

　　　모범적 설교　125
　　　냉소주의 벗어나기　126
　　　개신교의 무기력　130
　　　청년그룹과 기독교적 삶　132
　　　유대인-기독교인 컨퍼런스에 다녀온 후에　134
　　　청년그룹에 대한 신뢰와 희망　138
　　　목회자와 교육학　141
　　　종교와 사회비판　143
　　　사회적 갈등과 미국 교회　146
　　　공허한 설교　150
　　　사회질서의 유지와 교회의 역할　152
　　　삶과 물신숭배　155

독단과 진리 158
산상수훈 160
교회에서의 지도자의 권력 162

1927

진리의 객관성에 대하여 165
비도덕적 자선가 167
면려회 169
비판적 지성과 종교적 영성 171
주식투자가 174
사업가의 애국 175
예배와 서커스 177
설교의 자유와 진정한 복음 180
근본주의자 182
도시 인종위원회 보고서 184
주일 밤 예배 문제 186
산업문명과 추수감사절 189
실직한 노동자 191
전통에 대한 비판 193
새로운 포드 자동차와 실직자 197
성공회의 기도서 논쟁 199
가족제도에 관하여 201

1928

현대의 종교교육가들 203
인종문제와 교회 207
자기 성찰 210
설교자와 언론인 212
교회와 의무감 213

성 금요일의 극장예배 216
현대의 지성인과 목회 218
기부활동과 문화의 부재 221
설교자의 비판적 독서 222
순응과 진보 223
직업으로서의 목회 223
교회와 비즈니스 227
목회자의 직업주의 229
성공한 목회자에 대한 보상 231
유대인 233
삶의 지혜 235
목회자의 자기기만 237
M감독 239
13년간의 목회를 마치며 241

1915

어느 초보 목사의 단상

나같이 미숙하고 어리숙한 젊은이가 이런 훌륭한 어른들 앞에서 설교한다는 것은 조금 우스꽝스러운 면이 있다. 나는 인생에 대해 현명하게 말은 하지만 인생의 문제들에 대해서는 거의 알지 못한다. 그들 대부분이 나에게 희생의 진정한 의미를 가르쳐줄 수 있음에도 불구하고, 나는 그들에게 희생의 필요성에 대해 말한다. 지난주에 나는 예수의 십자가를 진 구레네 시몬의 본문을 인용하면서, "비자발적 십자가"에 관해 설교했다. 다른 사람들보다 좀 더 용기가 있었던 한 여성이 예배가 끝나고 나가면서, 내가 많은 십자가를 진 적이 있는지에 대해 물었다. 나는 사실 내가 그녀나 다른 교인들에게 기꺼이 인정하려 했던 것보다 그것에 대해 조금은 더 안다고 생각하지만, 그녀의 질문은 정당했다.

많은 사람들은 나처럼 젊은 사람이 어떻게 설교자가 될 수 있는지 이해할 수 없다고 주장한다. 나는 스물세 살이기 때문에, 내가 젊다는 것에 대한 사람들의 그런 반응은 단순히 한창 때인 스물셋의 나이와 그들이 설교단에서 기대하는 완숙한 지혜 사이에서 어떤 불일치를 발견한다는 것을 의미할 뿐이다.

바울은 디모데에게 "누구든지 네 연소함을 업신여기지 못하게 하고……"라고 말했다. 그러나 나는 그런 충고가 과연 옛 성인 누구 한 사람에게라도 수긍을 받았을지 의심스럽다. 처음 몇 달 동안은 설교용 가운을 입는 것이 어색했지만, 이제는 그것에 익숙해져 가고 있다. 처음에 그것을 입고는 너무 성직자 같다고 느꼈는데, 나는 성직자 티가 나는 것을 질색한다. 지금까지 부분적으로는 단순한 습관의 문제로 그것을 감수했지만, 이제는 나 역시 그 가운을 권위의 상징처럼 여기고 있는 중이라고 상상해본다. 그것은 내가 나 자신의 이름이나 경험들과 더불어 말하는 것이 아니라 여러 세기에 걸친 기독교의 경험에서 나온 권위로 설교하고 있다는 느낌을 준다.

설교하는 일이 아무리 어려워도, 그것은 회중조직에서 일하는 것보다는 쉽다. 신학교에서 과연 누가 여성 봉사모임을 돕거나 지시하는 것에 대해 배웠겠는가? 나는 어머니가 나와 함께 살기 위해 오셨고, 그런 일의 일부를 돌봐주시리라는 것이 기쁘다. 설교단에서 현명하게 말하는 것이 교구의 세세한 일들 속에서 현명하게 행동하는 것보다 더 쉽다. 젊은 설교자는 '보여지는 것'보다는 '들려지는 것'을 잘하려고 할 것이다.

1915

심방

나는 이 교회에 열여덟 가정밖에 없어서 기쁘다. 지난 6주 동안 교인들을 방문하고 있는 중이지만 아직도 그들을 다 만나지 못했다. 보통 나는 집안으로 들어갈 용기가 생길 때까지, 그 집을 두세 번씩 지나친다. 항상 정중한 대접을 받기 때문에, 내가 왜 이런 이상한 수줍음을 극복하지 못하는지 그 이유를 정확히 알지 못한다. 그들과 진정으로 가깝게 알게 된다는 것을 빼면 내 심방으로부터 특별히 다른 무엇이 얻어지는지 모르겠다.

나는 보통 전화를 걸어 약속을 한 뒤, 그날 오후 시간을 빼기 위해 그 약속을 취소할 만한 좋은 구실을 찾는다. 내가 서적 판매원이었던 시절에는 종종 그렇게 하곤 했다. 그러나 그때는 그럴 만한 이유가 있었다. 자존감을 회복하기 위해 그 오후가 필요했던 것이다. 지금은 순전히 게으름과 두려움 때문이다. 사람들은 조금 실망한다. 그들 중 몇몇은 과연 교회가 살아남을 수 있을지 의심하는 듯하다. 그러나 세상의 소금 같은 사람이 몇몇은 있기에 만일 내가 이것을 인정하기만 하면, 그들은 자신들이 생각하는 것보다 훨씬 책임감 있어질 것이다.

1915

주일 설교

대략 열두어 번의 설교를 해왔으므로, 나는 내가 같은 내용을 반복하고 있다는 것을 안다. 다른 본문은 단지 같은 내용을 또다시 반복해서 말하기 위한 다른 구실임을 의미한다. 신학교에서 설교를 위해 준비했던 약간의 아이디어들은 모두 써먹어버렸는데, 이제 어떻게 할 것인가? 세월이 지나감에 따라 생활과 경험은 약간의 새로운 생각들을 떠오르게 할 것이고, 지금까지 놓쳐왔던 것을 성경 속에서도 얼마쯤 찾게 되리라. 젊은 목사가 진정으로 설교할 수 있기 전에는 반드시 새로운 전기를 마련해야 한다고 한다. 나는 그것을 속히 붙잡는 편이 나을 것인데, 그렇지 않으면 주일 설교는 끔찍한 일이 될 것이다.

나는 위대한 메시지가 넘쳐흐르는 모습으로 회중 앞에 설 것을 상상한다. 그런데 지금은 매 주일마다 한 가지의 새로운 작은 메시지라도 찾으려고 애쓰고 있다. 만일 내가 진정 위대한 확신들을 가지고 있었다면, 그것들은 주일마다 세상에 나오기 위해 서로 투쟁할 것이다. 그러나 보다시피 나는 설교할 가치가 있는 생각을 찾기 위해 투쟁하고 있고, 새로운 안식일이 다가오는 것이 거의 두려울 지경이다. 과연 내가 매 주마다 정례적인 설교들 속으로 빛과 감동을 끌고 들어오는 일에 익숙해질 수 있을지나 모르겠다.

이런 상황에서 도대체 어떻게 피할 수 없는 주일과 주일의 일들을 영혼의 일시적 분위기들이나 변덕들에 만족시킬 수 있겠는가? 예언자들은 자신이 감동을 받았을 때만 말한다. 교구 목사는 그가 감동을 받았거나 아니거나 말해야만 한다. 성령에 거스르는 죄를 지음이 없이 그것을 할 정도로 충분히 높은 차원의 존재로 사는 것이 과연 가능한지 궁금하다.

1916

성찬과 사례

오늘은 노부인 G여사를 방문하여 성찬을 베풀었다. 이것은 병상에서 한 나의 첫 번째 성찬 경험이었다. 그 의례와 관계된 많은 미신이 있다. 어떤 면에서 그것은 가톨릭의 병자성사 의례와 크게 다르지 않다. 그러나 나는 너무 비판적이지는 않으려 한다. 만약 그 의례가 진정한 참회의 감정을 제안하고 표현한다면, 그것은 미신 이상이다. 그러나 그것이 사제로서 행위할 때의 어려움이다. 상징을 사용할 것인가를 결정하는 건 나의 권한이 아니다. 그것이 축복인지 혹은 어떤 미신인지는 모두가 받는 자에게 달려 있다.

나는 신학교 시절 키워왔던 성례전에 대한 반감의 일부를 잃고 있다는 것을 인정해야만 한다. 부모들이 그들의 아이를 위해 감사기도를 하며 헌신의 행위로 제단으로 데려오는 것에는 아주 아름다운 특별한 면이 있다. 문제는 규례집의 오래된 의식은 이런 생각을 분명하게 표현하지 않고 있다는 것이다. 내가 보기에는 성례전의 완전한 의미를 기도 속에 넣어야만 한다. 내가 사람들의 신뢰를 얻는다면, 아마도 나는 추후에 나 자신만의 규례를 사용할 수 있을 것이다.

오늘 오후 우연히 G여사가 내게 충격을 주었다. 예배가 끝난 뒤에 그녀는 베개 밑을 뒤져서 5달러짜리 지폐를 내밀었다. 그것은 내게 수고비로 지불하기 위한 것이었다. 나는 이런 수고비 관행이 개신교에 그런 식으로 여전히 존재하는지 결코 몰랐다. 우리 교단을 포함해 몇몇 교단에서는 세례식에 대한 수고비를 여전히 지불하고 있다는 것을 알고 있다. 그러나 이것은 새로운 문제다. 내 생각에 그 노부인은 내가 거절한 것 때문에 약간의 상처를 받은 듯하다. 그녀는 동정심이 내 소심함을 불러일으켰다고 상상한 것 같다. 그녀는 정말 사례할 수 있다고 계속 주장했다. 나는 모든 수고비 문제를 건드려서 어떤 것에 대해서든 수고비를 받지 않겠노라고 선언하는 편이 나을 것 같다. 하지만 나는 결혼식만 제외하고 그럴 것이다. 모두가 결혼식에 대해서는 수고비를 받는다. 신랑이나 신랑 친구가 몰래 당신의 손바닥에 지폐를 쥐어줄 때 당신이 의롭게 거절한다면, 그것은 영화의 한 장면 같이 될 것이다. 그들은 결코 이해하지 못하리라. 결혼은 어쨌거나 성례전이 아니다. 그렇게 가끔 한 번씩 약간의 보너스를 얻는 것도 재밌을 것이다. 그런데 결혼식이 성례전 아니던가?

1916

작은 교파에 속한 열등감

이런 교파의 일이 사람의 신경을 건드리지 않는가? 내가 만약 의사였다면 사람들은 내가 가진 기술이나 평판에 따라서 나를 찾아오려 했을 것이다. 그러나 목사로서 나는 나 같은 부류의 사람들에게만 호소할 수밖에 없다. 어제 내가 만났던 교수는 내가 어느 교파에 속했는지 물었다. 대답을 들었을 때, 그는 즉시 나를 적합한 위치로 분류했고 교만한 태도로, 마치 아프리카 호텐토트 미개인의 마음이 그의 특이한 환경에 의해 고정된 것처럼, 내 마음이 나의 교파적 배경에 의해 분명히 고정된 것으로 추정했다.

아마도 내가 만약에 좀 더 큰 교파에 속했다면, 이것이 나를 이 정도로까지 신경 쓰게 하지는 않았을 것이다. 나는 내 교파의 수많은 단점들 때문에 열등감으로 고통 받고 있다. 내가 만약 대형 교파에 속했다면 나는 뽐내며 걸었을 것이고, 나 자신을 위해 그것의 명성을 주장했을 것이다. 내가 만약 직업으로서 종교에 투신한다면, 내가 활동하기 위해서는 범교파 간의 수단을 찾아야만 한다. 그러나 무엇을? 비서들과 YMCA 직원들은 말을 너무나 불분명하게 한다. 그들은 기계만 붙들고 있고 생각은 거의 하지 않는다. 나는 운전기사가 되길 원하지 않는다. 그것은 단지 내가 상당한 달변가이기 때문에 내가 목사라는 말인가? 누가 알겠는가?

그러나 너무 냉소적이거나 너무 병적으로 내성적이 되지는 말자. 나는 적당한 때가 되면 말할 가치가 있는 어떤 것을 찾을 수 있고, 단지 말만 하는 사람이 되는 운명에서 벗어날 수 있을지도 모른다. 어쨌거나 다시는 번지르르한 설교만 하는 목사가 되길 바라지는 않을 것이라 다짐한다. 오직 달변가로 퇴보하려는 유혹에서 벗어나기 위해서, 설교들을 초고 상태로 놔둘 것이다. 아마도 시를 너무 많이 인용하는 걸 중단하는 게 나을 것이다. 그러나 그것은 거의 문제의 핵심이 아니다. 수많은 설교가 아름다움과 의미 둘 다 부족하다.

1916

젊은이들에게 다가가기

주일학교에서 내가 가르치려고 하는 젊은 친구가 내 말을 집중해서 듣지 않는다. 내가 그들의 세계에 근접하고 있다고는 생각하지 않는다. 아니면 아마도 나는 단지 메시지를 전달하는 방법을 배우지 못했을 수도 있다. 나는 누군가를 지적해야 하는 탓에 계속 설교를 방해 받았다. 그런 수업이 있다는 것은 좋은 일이다. 나는 내 설교들이 사람들에게 좀 더 다가가지는 못하는지 알아볼 것이지만, 내가 아침예배에서 설교하는 소규모 성인그룹들은 본래 더 참을성이 많거나 적어도 이런 솔직한 청년들보다 공손해서, 그들에게서는 내가 얼마나 쓸모없는 존재인지 알아차릴 기회가 적다. 그러나 그것이 그런 친구들에게 어떻게 다가갈 것인가 하는 문제를 해결하지는 못한다.

1916

목사와 교수

오늘 L교수에게서 대학에 돌아가 교수직을 준비하라고 제안하는 편지를 받았다. 일 년 전이었다면 나는 틀림없이 그렇게 했을 것이다. 지금은 그렇게 확실치 않다. 그럼에도 불구하고 학문을 하는 생활은 유혹적이다. 그것은 목회보다 정말 더 간단하다. 교사로서 너의 유일한 직무는 진리를 발견하는 것이다. 목사로서 너는 진리 외에 다른 이해관계를 보존해야만 한다. 더 오래된 전통들 안에 있는 덕들이 너의 인습타파주의를 통해 파괴되지 않도록 전체적인 종교적 유산을 주의 깊게 다루는 것이 너의 일이다. 그것은 두려운 직무이자 힘든 일이다. 왜냐하면 사람은 어디서 교육적인 경고가 끝나고 부정직이 시작하는지 결코 확신할 수 없기 때문이다.

목회를 하는 젊은 사람에게 특히 불편한 것은, 그의 세련되고 나이 든 동료들 일부가 그들의 무지를 덕과 같은 것으로 여긴다는 사실이다. 그들은 제2이사야란 없다고 확신하며, 신명기가 율법에 있어 후기의 발전을 담고 있다는 것을 결코 들어본 적이 없다. 나는 그들이 최근 졸업한 신학생의 아주 새로운 지식 모두를 가지고 있지 못하다고 비난할 수는 없다(그 신학생이 상상하듯이 아주 그렇게 새로운 것은 아닌). 그러나 목회자는 무지를 덕으로 만들 수 있는 유일한 직업이다. 만약 당신이 이십 년 동안 주석서만 읽어왔다면, 그것은 당신에게 신성함과 경건함의 후광을 던져줬을 것이다. 모든 직업에는 전통들과 전통주의자들이 있다. 그러나 설교단에 있는 전통주의자들은 주님이 그들의 편이라고 다른 사람들보다 더 확신한다.

1917

헌금

다음 주에 교회는 첫 번째 전교인 토의를 할 예정이다. 그들은 내가 그 선한 사람들이 관대하게 헌금할 수 있도록 준비시켜 줄 설교를 해주길 기대한다. 나는 그것을 꺼려하지 않는다. 대부분의 사람들은 교회를 위해서나 혹은 그들 자신의 쾌락과 관계없는 어떤 것을 위해서 거의 모자라지 않을 만큼 헌금한다. 그러나 나는 교회와 하나님의 나라를 지나치게 부적절할 정도로 일치시키지 않으면서 그 순간의 필요에 알맞은 적절한 설교를 할 수 있는 방법을 모르겠다. 그리고 반면에 나는 교회에서 사례비를 받고 있고, 만약 그 토의가 성공적이라면 다음 해에 사례비가 인상될 수 있다는 것을 기억하고 있다.

설교라는 일을 생계를 유지하는 일과 뒤섞어 정직과 자존감을 유지하는 것은 쉽지 않다. 물론 모든 노동자는 그가 고용된 만큼의 가치가 있다. 그러나 나는 그 점을 주장했던 바울이, 그럼에도 불구하고 자신의 자립에 관해 스스로를 자랑스럽게 여겼다는 점에 주목한다. 그는 "너의 것이 아니라 너를" 원했다. 그러나 너무 엄격히 굴지는 말자. 나이 든 J.Q.가 있다. 그가 약간만 긴장을 풀면 그의 영혼에 좋을 것이다. 누군가는 그에게 이렇게 말할지도 모른다, "나는 너를 얻기 위해 너의 것을 원한다."

1918

신병훈련소를 다녀온 뒤에

나는 이 전쟁에 관한 내 마음의 혼란을 바로잡을 방법을 거의 알지 못한다. 만약 윌슨의 목표가 실현된다면 전쟁은 선한 목적을 수행할 것이라고 생각한다. 신병들과 이야기할 때 나는 윌슨의 프로그램 상당부분이 그 전쟁을 야기한 종류의 외교에 역행하는 것이라고 말한다. 그러나 전쟁의 목표에 대해 이야기하는 것이 수단을 정당화하는 것보다 쉬운 것이다.

펀스톤Funston밖에서 나는 총검술 훈련을 지켜보았다. 심지어 다소 간접적이라고 해도, 이런 일에 참여하고 있다는 것은 나를 뻔뻔한 위선자처럼 느끼도록 하기에 충분하다. 그러나 나 자신이 평화주의자들과 함께 할 수는 없다. 아마도 내가 독일 혈통이 아니었다면, 그렇게 할 수 있었을 것이다. 겁쟁이 같은 것일 수 있지만, 나는 새로운 국가가 자신의 일치에 대해 아주 민감할 권리가 있다고 생각한다.

선한 독일 노인들 중 일부는 이 국가에 대하여 증오에 가까운 감정을 감추느라 애를 먹고 있다. 이런 시기에 국가의 원칙으로부터 자기 자신을 분리시키는 사람은 확실히 보다 높은 충성심에 근거해서만 그것을 해야 한다. 내가 나 자신을 약간만 분리시킨다면, 나는 필연적으로 황제를 흠모하는 사람들의 병영으로 들어가야만 할 것이다. 그런데 그 황제는 분명히 내게 아무것도 아니다. 만약 우리가 전쟁을 해야 한다면, 나는 확실히 그 황제의 편보다는 윌슨의 편에서 더 나은 기분을 느낄 것이다.

나를 화나게 하는 것은 내가 여러 병영들을 방문할 때 군목들에게 노예처럼 비굴하게 행동한 방식이다. 여기에 나와 똑같은 목사들이 있다. 그 순간에는 그들 또한 나와 마찬가지로 위대한 전쟁의 신 마르스의 사제들이다. 나는 기독교 목사들로서는 군인에 대해 특별한 존경심이 없다. 그러나 그들을 대할 때 나는 심각한 열등감에 사로잡혔다. 나 자신처럼, 그들도 사랑의 하나님과 전쟁의 하나님에 대한 예배를 뒤섞었다. 그러나 나와 달리 그들은 이런 이중적 헌신에 적합한 상징들을 가지고 있다. 어깨 위의 작은 십자가는 그들의 기독교 신앙의 상징이다. 제복 그 자체는 전쟁의 하나님에 대한 헌신의 상징이다. 나와 다른 사람들에게 깊은 감명을 주는 것은 바로 그 제복이지, 십자가가 아니다. 심지어 내가 그래서는 안 된다는 것을 알 때조차 나는 깊은 감명을 받는다.

대부분의 군목들에 대해서 내가 싫어하는 것은 그들이 아주 사무적이고 또한 아주 남성적 태도를 가정한다는 것이다. 목사들은 권위에 습관이 들면 안 되고, 그것을 얻었을 때 즐기면 안

된다. 그들이 말과 행동으로 나타내려고 하는 과도한 남성다움은, 군대의 근육질 남성들의 마음속에 기독교 신앙이 혹시 남겨놓았을지 모를 어떤 얼룩이라도 모두 지워버리는 것을 의미한다. H가 옳다. 그는 내게 자신이 군목이 아니라 사병으로 군대에 가길 원한다고 말한다. 그는 전쟁이란 피할 수 없는 것이라고 믿지만, 그것의 필요성을 기독교 윤리와 화해시키려 하지는 않는다. 그는 단지 전쟁 동안 이런 어려움에 대해 잊고자 한다. 그것이 내가 지금 하고 있는 행동보다 훨씬 더 정직하다.

1918

전쟁과 삶

나는 사람들이 제대로 주목하지 않은 전쟁에 대한 이러한 이상한 도취 안에 있는 한 요소를 볼 수 있다. 그것은 삶을 간단한 용어로 축소시킨다. 어떻게 제정신을 유지하고 있는지 궁금해 할 만큼 현대인들은 복잡한 세계 속에 살고 있다. 모든 도덕적 모험, 모든 사회적 상황과 모든 실제적 문제는 모든 일련의 상충하는 충성심들과 관계되어 있고, 사람은 저 편에 반대해서 자기 자신을 이 편에게 바치는 것이 옳은지 결단코 확신할 수 없다. 그가 정당할 것이며 사랑을 희생할 것인가? 그가 미beauty를 위해 투쟁하고, 비특권층과의 유대감을 파괴하는 사회적 특권들을 얻음으로써 그것을 할 것인가? 자신의 가족을 섬기고 국가를 포기할 것인가? 아니면 인류라는 위대한 가족을 해칠 정도까지 애국적이 될 것인가? 자신의 건강을 희생하면서까지 근면할 것인가? 아니면 흥미를 느끼는 위대한 이상을 희생하면서까지 건강을 지킬 것인가? 진실되고 그럼으로써 잔인할 것인가? 아니면 친절함으로써 어느 정도 유약할 것인가? 인생의 즐거움을 위해 투쟁하면서 그 과정 속에서 삶을 덜 확실히 만들 것인가? 아니면 용기를 궁극적 미덕으로 삼고 사회가 배양해온 안정적이고 유익한 미덕들을 없애버릴 것인가?

이런 상충하는 주장들, 이익들, 충성심들, 이상들, 가치들과 공동체들의 그물망으로부터, 그는 국가에게 다른 모든 공동체에 비해 적어도 순간적이나마 우선권을 주고 용기를 최고의 미덕으로 삼는 전쟁의 심리학에 의해 구출 받는다. 나는 지난 주 병영에서, 군대 복무 중에 "자기 자신을 발견했기" 때문에 군대에 있는 것이 얼마나 행복한지 내게 말했던 젊은 대위와 이야기를 나눴다. 대화를 더 나누게 되면서 나는 진정으로 그에게 행복을 가져다준 것이 이런 삶의 단순함, 즉 그것과 권위에 대한 사랑이라는 것을 알아차리게 되었다.

불행히도 삶의 복잡성에 대한 이런 모든 순간적인 단순성은 삶에 폭력을 가하기 때문에, 끝까지 만족스러울 수는 없다. 위기에 처한 공동체는 평상시에는 어떤 공동체나 조직도 그럴 권리나 능력을 갖고 있지 못한 전폭적인 충성심 같은 것을 잠시 동안 요구할 수도 있다. 그러나 사건들이 더 결속적이 되고 악 안의 선과 선 안의 악에 대한 모든 혼동 속에서 세상이 다시 한 번 드러나게 될 때 심판은 제정신으로 돌아온다. 위기에 처한 공동체는 공동체의 선 때문만이 아니라 공동체의 악 때문에 위협을 받았고, 극악무도한 적은 우리의 공통된 인류성의 특징을 다시 한 번 상기시킨다. 육체적 용기는 다른 미덕들의 도움 없이는 사람을 고귀하게 만들기에 부족하다는 것이 증명되었고,

전쟁의 자기 망각성에 의해 높이 추앙되었던 바로 그 사람들이 증오의 새로운 나락으로 빠져 들어갔다. 의심할 여지없이 최선인 것에 대한 열정만을 제외하고, 모든 소모적인 열정 안에서는 오직 순간적인 평화만 있다. 그런데 무엇이 최선인가?

1919

개인전도 캠페인에 대하여

우리는 오늘 아주 훌륭한 부활절 예배를 드렸다. 어머니가 젊은 여성들의 위원회와 함께 일하면서, 그 작은 예배당을 아주 예쁘게 장식했다. 우리는 총 21명의, 지금까지 가장 큰 규모의 새신자반을 열었다. 그들 대부분은 다른 교회로부터의 이명서가 없었지만, 어느 교회에서 양육되었다. 우리는 그들을 입교식을 행해 받아들였다.

교회를 위한 교인 수를 확보하는 이 일은 정말 문제다. 예전에는 가장 확실한 회심을 교회의 교제 속으로 들어오게 하는 필요조건으로 믿었던 교회들마저도, 사람이 위기의 경험을 통해서만 기독교인이 될 수 있다는 전통적 가정에 대한 확신을 잃게 됨에 따라 "결단의 날들"에 찬성을 하고 있다.

그러나 만약 그런 종류의 경험을 주장하지 않는다면 교인자격에 대한 시험을 준비하는 게 그렇게 쉬운 것은 아니다. 대부분의 이러한 "개인전도" 캠페인은 진정한 목표로서의 기독교인적 삶이라기보다는 일상적인 교회의 교인 수 확보 노력과 거의 다를 바가 없다는 것을 의미한다. 그것은 회원 수를 늘리려 하는 다양한 클럽들의 노력과 크게 다를 바가 없다.

물론 우리는 "예수를 당신의 구세주로 영접"하는 것을 교회의 교제 속으로 들어가는 진정한 문으로 삼는다. 그러나 문제는 이것이 모든 것을 의미할 수도, 아무것도 의미하지 않을 수도 있다는 것이다. 나는 승인 전의 어떤 일련의 시험에 의해서도 기독교인의 교제를 독특하게 만드는 방식을 보지 못한다. 유일한 가능성은 교회의 설교와 가르침의 도구를 통해 골라내는 과정에 놓여 있다. 그들이 큰 어려움 없이 들어오게 하자. 그러나 그들이 남는 것은 어렵게 만들자. 이 계획의 문제는, 마침내 표준을 정하고 복음의 완전한 의미 안에서 그것을 설교하고 가르치는 것을 불가능하게 만들 아주 미성숙한 기독교인들로 너의 교인 수를 채우는 것이 언제나 쉬운 일이라는 것이다.

1919

우드로 윌슨의 협상에 대해

저것이 파리에서 세계의 운명을 결정하는 윌슨, 로이드 조지, 클레멘소의 사진이란 말인가! 윌슨은 분명히 그의 싸움에서 패하고 있다. 그는 국내에 머물러 올림포스에서 번개를 던지는 편이 더 나았다. 당신이 만일 다른 사람과 진정 중요한 견해 차이들을 갖고 있다면, 협상 테이블에 함께 앉는 것보다는 편지를 쓰는 편이 더 낫다. 타협은 먼 거리에서의 협상보다는 개인적 면담에서 언제나 좀 더 불가피하기 마련이다.

파리에서 일어나고 있는 것처럼 보이는 것은, 만일 다른 사람들이 그것을 진정으로 수입할지 말지 결정할 수 있다면 그들은 윌슨에게 그 교환에 전표나 붙이게 시키려 할 것이라는 것이다. 이와 같이 실체들은 말로 교환된다. 법률상의 "배상금은 없을 것no indemnities"이지만 당연히 국가의 배상금reparations은 있을 것이다. 그리고 손해가 컸기 때문에 국가배상금은 소위 과거의 배상금보다 클 것이다. "영토합병은 없을 것no annexations"이지만 위임통치mandates는 있을 것이다.

윌슨은 전형적인 목사관의 아들이다. 그는 말을 너무나 잘 믿는다. 교활한 클레멘소는 이런 멋진 단어들 속에 새로운 의미들을 몰래 집어넣는데, 그는 아마도 감탄할 만한 중개자이며, M. 클레멘소처럼 세속적으로 지혜롭고 윌슨처럼 복음주의적인 인물인, 로이드 조지에게 도움을 받았을 것이다. 그러나 누가 알겠는가? 시간은 아직 윌슨에게 승리를 주지 않고 있을 수 있다. 말들이란 그것들로부터 빼앗기 어려운 특정한 의미들을 가지고 있고, 사상은 적절한 때에 실체를 창조할 수 있다. 국제연맹은 아마도 한동안은 단지 승자들의 연맹일 수 있지만 그 핵심에서 완전하게 구원의 사상을 파괴하기란 어려울 것이다. 실체들은 항상 사상들을 무찌르지만, 사상들은 잠깐 동안 그들을 감옥에 가두는 사실들에 대해 복수를 하는 방법을 가지고 있다.

반면에, 악마적인 사실들은 그들이 표면적으로 구현하는 사상을 불신하는 것이 언제나 가능하기 때문에, 진전이 이루어지기 전에 그들은 새로운 사상의 투사를 필요로 하게 만들 것이다.

믿음과 미신 사이 – Z양을 방문하고

병원에 있는 Z양을 방문했다. 내가 그녀와 함께 기도하는 것이 도움이 될 것이라고 그녀가 요청했기 때문에 지금 가려 한다. 나는 의사에게 그녀에 대해 물었고 그는 희망이 없다고 대답한다. 여기서 믿음은 진정으로 육체적 환경을 넘어 영혼을 고양시키는 기능을 하고 있는 것처럼 보인다. 나는 거짓된 희망을 장려하는 것을 회피하려 노력하면서 비상한 노력을 다하는 돌팔이 의사 짓에 대해 몹시 두려워해왔다. 때때로 내가 나 자신을 이러한 바삐 움직이는 유능한 의사들이나 간호사들과 비교할 때면 나는 20세기에 내동댕이쳐진 고대 주술사 같이 느낀다. 나는 내가 나 자신에 대해 가진 것과 거의 똑같은 감정을 그들이 나에 대해 갖고 있다고 생각한다.

엄정한 과학자로서 너의 결론을 도출할 명확한 데이터를 다루는 것은 아주 만족스러운 것임에 틀림없다. 나는 미신이 불가분하게, 적어도 미신이 아닌 어떤 것과 섞여 있는 중간지대에서 일해야만 한다. 나는 예수가 사람들을 치유했다는 것을 믿는다. 그러나 나는 그의 치료행위들의 많은 부분들이 정신이상자들 사이에 있었던 것에 주목하지 않을 수 없다. 만약 사람들이 내게 묻는다면, 나는 그들에게 종교는 유기체적 질병들보다 기능적인 질병들에서 좀 더 많은 치료적 가치를 지니고 있다고 말한다. 그러나 내가 환자의 머리맡에서 이것에 대해 완전히 정직할 수 있을지는 잘 모르겠다. 나는 여전히 Z양의 건강을 위해 기도하고 있다. 그러나 나는 물론 거기에서 그치지 않는다. 나는 그녀가 피할 수 없는 것을 준비하도록 노력하고 있고, 그런 면에서는 그녀를 조금 도왔다고 생각한다.

1919

Z양의 병세 악화

Z양의 병세가 나를 초조하게 만들고 있다. 병문안을 다녀오면 나는 그날의 나머지 시간 동안 아무것도 생각할 수 없다. 내게 만약 더 많은 환자들이 있었다면 아마도 조금 더 마음이 굳건해졌으리라 생각한다. 직업정신에 대해 말하라! 나는 사람들이 그들의 감정적 자원들을 아끼기 위해 직업적이 된다고 생각한다. 여기서 나는 오후에 한 번 방문을 했고 모든 것을 다 끝내버렸다. 반면 의사는 열두 배는 더 하고 있다. 그는 덜 감성적이지만 아마도 더 훌륭하게 할 것이다.

1920

목회를 좋아하기 시작하다

나는 정말 목회를 좋아하기 시작했다. 내 생각에는 내가 종교의 지성적 문제들에 대해 너무나 많이 근심하는 걸 멈추고 윤리적 문제들의 일부를 탐색하기 시작한 이래로 설교에 더 많은 흥미가 생긴 것 같다. 아주 많은 장소들에서 우리의 일상적 습관이나 태도와 상충하고 있는 복음의 진정한 의미는, 심지어 네가 진부한 세상에서 그것의 생각들만 가지고 노는 것일 뿐이라 할지라도, 기독교의 메시지 안에 모험적인 것이 있다는 것이다. 나는 내가 내 삶에서 복음과 세상 사이의 갈등을 극화시키기 위해 무엇인가 해왔다고 말할 수 없다. 그러나 나는 적어도 그 둘을 내 마음과 다른 사람들의 마음 안에서 병렬시키는 것이 점점 흥미롭다는 것을 발견한다. 그리고 물론 생각은 마침내 행동으로 이끈다.

한 젊은 여성이 어느 날 어딘가에서, 내가 수개월 전 그 마을의 C교회에서 용서에 대해 말한 것이 5년 동안 반목을 빚어온 그녀의 어머니와 여동생의 화해를 가져왔다고 내게 말했다. 나는 그 소식을 내적으로 침착하게 받아들이기보다 외적으로 드러내며 받아들였다. 그 메시지 안에 회복의 능력이 있다! 나는 그 작은 승리로 많은 사람들에게 한 달간 새로운 용기를 불러일으킬 수 있었다.

나는 목회가 관계에 있어서 최선을 다하는 사람들과 온갖 종류의 친교를 나눌 훌륭한 기회를 주기 때문에, 또한 목회를 좋아하기 시작하는 중이라고 생각한다. 때로는 인간의 편협함에 정말 지치게 된다. 그러나 그럼에도 불구하고 아주 빛나는 무엇인가가 있다. 그것은 진정한 인내로써 슬픔을 견뎌내고 있는 사람들을 발견할 때 특히 사실이다. 아이들을 위해 남편의 술주정을 참고 견디는 ○여사와 그녀의 착한 아이들을 생각해 보라. 사람들은 책을 통해 배우는 것보다 그녀의 조용한 용기에서 더 많이 배울 수 있다.

1920

설교의 자유

선한 고든 노인이 오늘 나에게 와서, 누구누구가 교회에 등록할 것이지만 그는 내가 정치적 이슈들에 대해 꽤 많이 이야기한다고 들었고, 그는 교회에서 정치이야기 하는 것을 좋아하지 않는다고 말했다. 나는 내 친구에게 나 자신은 예배 중에 정치학 강의를 좋아하지 않지만 모든 종교적 문제는 윤리적 함의가 있고, 모든 윤리적 문제는 약간의 정치적이고 경제적인 면이 있다고 말했다. 비록 내 설명이 모두가 만족스러운 것은 아닌 것처럼 보였다 할지라도, 우리는 그것에 대해 꽤 좋은 대화를 나눴다. 고든은 내가 교회에 많은 "저명한" 사람들을 데려오지 못하는 것처럼 보인다고 말했다. 나는 그에게 우리 교회에는 몇몇의 아주 훌륭한 사람들이 있지만, 특별히 이런 계급을 아주 잘 섬기는 것처럼 보이는 수많은 교회들이 있기 때문에, 나는 "저명한" 사람들을 돌보고자 하는 특별한 열망이나 능력이 없다고 말했다.

물론 이것은 지위 있는 사람들로부터 간헐적인 단점에 대해 인습적인 도전을 받은 것이란 점을 제외하고, 설교의 자유에 대해 도전받은 것과 아주 유사하다. 설교의 자유 문제는 실제적인 것이다. 그러나 나는 자유를 얻는 가장 간단한 길은 그것을 취하는 것이라고 확신한다. 여러 가지 방식으로 메시지를 잘 갖추지 않고도 하루의 모든 필수적인 문제들에 대해 말할 자유는, 그렇지 않았더라면 약간의 유치한 편견이 사라짐으로써 혼돈에 빠지게 될 모든 사람 대신 두 사람만을 매료시킬 따분한 설교에 충분한 흥미를 더한다. 그러나 그러한 일반화는 나의 부족한 경험으로 인해 거의 정당화하 어렵다.

1920

청년부 모임에서

오늘 아침 청년부 수업에서 아주 훌륭한 토론시간을 가졌다. 점차적으로 나는 그 수업에서 실패한 이유가 내가 말을 너무 많이 했던 것에 기인한다는 걸 발견하기 시작했다. 이제는 그들이 말하도록 하고 있으며 일이 흥미롭게 되어가고 있다. 물론 그 대화를 계속 어떤 방향으로 몰고 가는 것은 그렇게 쉽지 않다. 때때로 우리는 원형 그룹들로 모여 대화한다. 그러나 그 친구들은 적어도 삶의 필수적인 문제 중의 일부에 다다르고 있고, 나는 그들로부터 무엇인가 배우고 있다. 훈육상의 문제들은 사라졌다. 그 토론에서 단 하나 남은 문제는, 멍청한 것이든 현명한 것이든 간에 무엇인가를 항상 말하려고 하는 그 친구다.

1920

T여사의 장례식

성 세실리아 성당에서 있었던 T여사의 장례식에 갔다. 사제로서 가톨릭교회가 사용하는 명확한 상징들을 다루고 그녀가 신앙을 확증할 완벽한 확신을 나눠주는 것은 감사할 만한 직무임에 틀림없다. 물론 장례 미사는 슬픔을 당한 가슴에 분명한 위로를 줄 아무것도 포함하고 있지 않다. 그러나 전체적으로 교환된 것의 함의는 영혼이 이제 이 세상의 고통이 사라진 또 다른 세상으로 들려 올라갔다는 것이다.

나는 미사가, 큰 슬픔이라는 특정한 상황과 고인의 고유한 개성이 어느 정도 인지되어 잘 진행된 개신교 장례 예배만큼 그렇게 만족스러운 것이라고 생각하지 않는다. 그러나 그것은 분명 뻔하고 감성을 자극하는 평균적인 개신교 예배보다는 확실히 훨씬 더 뛰어나다. 종교는 시다. 시 안에 있는 진리는 적절한 시적 상징들에 의해 활력이 넘치게 되고, 따라서 보통의 설교자들이 그것으로 표현할 수 없는 것을 붙잡으려고 시도해야만 하는 조악한 산문보다 훨씬 더 설득력이 있다.

그러나 생생한 상징으로부터 주술의 작용까지는 단 한 단계에 불과할 뿐이기 때문에, 진리는 시적 상징에 의해 활력이 넘치게 될 뿐만 아니라 오염될 수도 있다는 것을 잊지 말아야 한다. 결국 사제는 주술을 다루는 것이다. 종교가 주술을 거부할 때, 종교는 흔한 광경에서 영원의 찰나를 발견하기 위해 노력하면서 조악한 일상 세상에서 그 자신을 발견한다. 그것은 쉬운 일이 아니지만, 불가능한 것도 아니다. 그러므로 사제를 부러워하자. 반면에, 또한 그를 불쌍히 여기자. 그는 그의 주술에 의해 배반당해왔다. 그는 삶의 고난에 대해 너무 쉽게 승리를 얻어왔고, 사람들이 설익은 평화를 찾도록 돕는다. 개신교 안에서 삶의 강물들은 모래 속에서 쉽게 잃어버리게 될 수 있지만, 그것들이 진정으로 흐르게 된다면 삶의 강물들은 성수보다 더 많은 생명을 운반할 것이다.

1921

목회자와 경영자

오늘 ○○클럽에서 설교를 했는데, 의장은 "17만 달러라는 대단한 비용"을 들여 최근에 새 교회를 건축한 목사라고 나를 소개했다. 그 수치는 아주 정확한 것은 아니었지만, 그것은 위대한 경영 업적으로 여겨지는 것에 대해 얼마나 많은 강조들을 하게 되는지 알아보기 위한 출발점을 나에게 제공했다. 거기엔 한 무리의 경영자들이 있었고, 나 자신이 뛰어난 능력을 지닌 경영자라고 소개하는 것 외에 의장은 나를 그들에게 추천하는 방법을 알지 못했다. 그것은 내 교회 모임의 선한 사람들에게는 웃음거리를 선사했을 것이다. 내가 새 교회를 위해 돈을 모금하는 것에 얼마나 관여하지 못했고, 돈을 모금하고 있었을 때 그들이 갈망했던 "압박"같은 것을 주는 데 항상 실패한 것을 알았다면, 그들은 이런 찬사에 틀림없이 냉소적으로 웃었을 것이다.

그러나 그것 모두가 충분히 자연스럽다. 미국은 성공을 숭배하고 일반적으로 세상도 그러하다. 그리고 평균적인 사람이 이해할 수 있는 유일한 종류의 성공은 명시적인 성공이다.

"일들은 끝났다, 눈길을 끌었고 그 가격을 치른,
그것들에게로 평지로부터,
현 세상은 자기 손을 뻗었다,
자기 마음을 즉시 알아차릴 길을 찾은,
순식간에 가치를 평가할 수 있었던."

결국 목사의 진정한 일이란 쉽게 계측되는 것이 아니고, 세상이 외적인 발전을 내적 은혜의 외적 표징으로 사용하는 것이 전적으로 잘못된 건 아닐 수 있다. 심지어 목회의 진정한 일에 가치를 두는 사람들이라 해도 때때로 다소 피상적인 문구들로 그들의 감사를 표시하곤 한다.

나는 친애하는 ○○○ 노인이 그의 결혼 25주년을 기념할 때 훌륭한 축배 제안자가 그 목사의 리더십 아래서 교인들이 "교인 수를 배로 늘렸고 새 오르간을 설치했으며, 목사관을 지었고 교회를 채색했으며, 빚을 청산했다"는 것을 설명함으로써 그의 목사의 성공적인 목회를 감상적으로 묘사했던 것을 기억한다. 그 훌륭한 목사가 말했던 위로의 말들이나 그가 목마른 영혼들에게 주었던 감동에 대해서는 단 한 마디의 말도 없이.

아마도 종교적 가치들의 이러한 필수불가결한 세속화에 대해서 너무나 민감해지는 건 어리석은 일일 것이다. 우리 교단에 분기별 모임이 없고, 지방 감리사에게 우리 목회가 성공적임을 증명하는 막대한 자료를 제출할 필요가 없다는 것에 대해 감사하자.

1921

S 여사

오늘 S여사를 방문했다. 그녀는 암으로 투병 중이며 오래 살지 못할 것이다. 내가 막 떠나려 할 때 그녀의 어린 손자인 고등학생 E가 집에 돌아왔다. 그는 내게 한 가지 질문을 했다. 학교에서 유대인 소년들이 그에게 예수는 사생아였고 요셉은 그의 아버지가 아니었다고 말했다는 것이다. 또한 그들이 그가 한 분이 아닌 두 하나님을 갖고 있다고 비난했다고 말했다. 고등학교 소년들이 삼위일체를 용해시켜 이원론으로 만들었다는 것이 내 흥미를 끌었다. 심지어 소년들도 만약 정통 삼위일체주의가 다신교를 만든다면 그것은 진정으로 셋이 아닌 두 하나님을 제안한다는 것을 느끼는 것처럼 보인다. 나는 E에게 세례준비반에서 배웠던 것을 너무 기억하지 못하며 이러한 문제들이 토론되는 교회학교에 너무나 불규칙하게 다닌다고 훈계했다. 나는 우리가 그 수업에서 다루었던 예수의 인간성과 유일성에 대한 사상들의 일부를 짚고 넘어갔다.

한편 나는 순진하게 그녀 자신의 신학적 소스를 접시 위에 발라놓는 할머니로부터의 간섭 없이 단독으로 그와 대화할 수 있기를 원했다. 한 세대의 신앙을 세우면서 다른 세대의 종교적 신념들을 파괴하지 않는 것은 쉬운 일이 아니다. 그러나 운 좋게도 그 할머니는 내가 하는 것을 이해하지 못했고, 그래서 아주 심각하게 방해하지는 않았다. 그녀는 손자의 신학에 대해 내가 그를 바르게 세워줬다는 것을 고마워했고, 내가 그의 모든 어려움들을 몇 마디 말로 다 해결해준 것으로 생각하는 것처럼 보였다. "나는 모든 것을 설명해주실 목사님이 올 때까지 기다리라고 그 아이에게 말했답니다."* 너에게 그러한 확신을 가진 누군가를 발견한다는 것은 나쁘지만은 않은 생각이다.

---

* 역주. 독일계 이민자들의 교회였던 특성상, 본문에서 할머니는 독일어로 말했음. "Ich habe ihm gesagt, wart bis der Pastor kommt. Der wird dir alles erklaeren."

1922

설교에 대하여

나는 연구를 하고 사람들과 사건들에 대해 명상을 할 때면 비판적이고 신중하게 된다. 왜 나는 설교대에 설 때 상상력이 풍부하려 노력하고 때로 내 말들을 과장되고 교조적인 것으로 만드는 광기 같은 것에 사로잡히게 되는가? 아마도 이러한 기술적 변화는 청중을 감동시키려는 나의 열망 때문일 것이다. 청중은 차갑고 비판적인 분석으로는 쉽게 감동받지 않는다. 감정에 호소할 필요가 있지만, 감정은 사실에 대한 주의 깊은 분석으로가 아니라 이상적 가치를 제시함으로써 불러일으켜진다. 내가 설교에서 비평적 방법을 완전히 거부한다는 의미는 아니다. 진정 나의 친한 여러 비평가들은 내가 훌륭한 목사가 되기에는 너무 비판적이라고 생각한다. 또한 나는 아주 감정적이지도 않다. 그럼에도 불구하고 연구실에서의 내 기질과 설교단에서의 내 영혼 사이에는 분명한 차이가 있다.

아마도 이렇게 해야만 할 것 같다. 연구가 모든 것의 상대성을 드러내는 데 이용되게 해서 설교단에서의 말들이 너무 과장되지 않게 하고, 설교단은 그 학생을 상대성의 바다에 빠지는 것으로부터 구해내게 하자. 모든 진리가 아무리 자격이 갖춰졌다 해도, 본질적으로 절대적이고 따라서 선포할 가치가 있는 모든 진리와 가치 속에는 어떤 몫이 있다. 어느 그리스 학자는 "모든 웅변은 절반의 진리들에 근거하고 있다"고 선언한다. 그것이 사람들이 웅변가를 당연히 불신해야 하고 평가절하해야 하는지에 대한 이유다. 반면에, 웅변은 진리를 적어도 순간만큼은 시간과 환경의 모든 상대성으로부터 분리시켜 절대성의 빛 속으로 끌어올리는 시적 선물 같은 종류의 결과일 수 있다.

나는 설교단과 강단에서의 과장성의 경향이 군중들의 규모에 따라 증가하는 것을 주목한다. 내 교인들이 수가 늘어날수록 나는 내 선언 속에서 더욱더 제한이 풀리게 된다. 그런 까닭으로 선한 주님이 내가 진정 인기 있는 설교자가 되는 것에서 건져내주시기를 기원한다.

어느 날 장로들 중의 하나가, "어째서 당신의 주일 저녁 설교들은 아침 설교들보다 더 비관적입니까?"라고 물었다. 나는 그가 진정으로 의미했던 것은, 그 설교들이 삶의 문제들을 분석할 때 좀 더 비관적이었다는 것이라고 생각한다. 나는 그에게 아침에는 영감을 주려 노력하고 저녁에는 교육을 하려 노력한다고 말했다.

그러나 사실은 환경이 아마도 목적만큼이나 메시지의 질에 영향을 미치는 것 같다. 가득 찬 교회는 나에게 주님의 전투에서 승리하는 주인과 함께 싸운다는 느낌을 준다. 반 정도 비어 있는 교회는 즉각적으로 기독교가 이교도적 세상에서 상당히 비주류적 운동이라는 사실과, 패배로부터 승리를 낚아채옴으로써만이 교회가 승리할 수 있다는 것을 상징한다.

1922

신학 재해석의 올바른 전략

방금, "너무 자유주의적"이었기 때문에 그의 교회를 잃은 젊은 목사로부터 가련한 편지 한 통을 받았다. 내 추측에는 현대 세계의 사상과 생활로 그들을 이끌려 노력하는 지도자를 십자가에 못 박으려는 교회들이 있다. 그러나 여기 있는 동안 내내 나는 보수적 종파 속에 있어왔고, 결코 신학에 관한 논쟁을 벌이지 않았다. 나는 부분적으로는 그 이유가 내가 왔을 때 여기에 있던 사람들이 너무 적어서 그가 내 접근 방법을 좋아하지 않았다면 아무도 내 말에 귀 기울일 필요가 없었기 때문일 것이라고 추측한다. 교회에 왔던 사람들은 "우리 복음"에 전반적으로 동의하기 때문에 우리와 교제했다. 그렇지만, 그들은 보수적인 종파와 교회들로부터 왔다. 그러나 물론 그들은 대부분 젊은 사람들이었다.

만약 목사들이 현대 지식의 조명 속에서 종교적 확신을 재해석하는 그들의 직무를 추구하는 데 어려움에 빠진다면, 내 생각에 그것은 틀림없이 그들이 고대 정통주의의 지지할 수 없는 입장으로부터 철수하려 할 때 자신들의 북을 너무 크게 두드렸기 때문이라고 생각한다. 올바른 전략은 중앙에서 북을 두드리면서 전진하고 양 날개에서 물러서는 것을 당연한 것으로 받아들이며, 중심적인 전략의 이익에 따르는 것이다. 물론, 정직해야만 하지만 그것과 꼭 마찬가지로 거짓된 영웅들과 트럼펫들의 팡파르 없이 전선들을 똑바로 펴고 짧게 줄여야 한다.

이 전략의 백미는 중심에 진정한 진보를 이루기 위한 충분한 힘이 있고, 진정한 투쟁을 위한 충분한 맞섬이 있다는 것이다. 만약 사랑의 복음을 증오와 인종차별이 뒤섞이고 탐욕에 찌든 사회에 전파한다면, 진정한 그러나 반드시 헛되지는 않은 투쟁을 손들 위에 지니고 있는 것이다. 사람의 마음에는 복음 안의 진정한 메시지의 도전에 응답할 충분한 자연적 은혜가 있고, 인간의 본성 안에는 그것에 반대를 창출하기에 충분한 원죄가 있다. 가장 기회주의적인 설교자들은 그들이 지성적으로 그리고 신학적으로 급진적이 되려고 하면서도, 일상적인 도덕을 설교하는 사람들이다.

사람들은 크게 중요하지 않은 복음을 위해서는 큰 지적 변화를 일으키려 하지 않을 것이다. 전선의 중앙에 진정한 모험이 있다면, 지원군들은 거의 무의식적으로 양 날개로부터 끌어당겨져야 한다.

1923

전쟁의 진실

점차적으로 전쟁에 대한 끔찍한 모든 진실이 드러나고 있다. 새로 나오는 책들은 좀 더 심도 있게 허상들을 파헤쳤다. 의원들의 근엄한 척 하는 모습과 냉소적으로 느껴지는 비밀 조약들을 비교할 때, 어떻게 우리가 다시 어떤 것을 믿을 수 있을까? 의원들의 경솔함이 동맹의 특이한 형태를 좌우하는 기본적인 경제적 갈등들과 합해진 국가들의 위대한 두 동맹들 사이에 확실히 권력을 향한 엄청난 경쟁이 있다. 다음에 카드들은 다른 방식으로 섞여질 것이고 "무력 안에서의 교제"는 다른 동료들로 구성될 것이다.

그러나 진실이 밝혀짐에 따라 허상에 대한 약간의 보상이 있다. 만약 영웅들의 도덕적 위선이 거짓으로 밝혀졌다면, 악인들의 죄악은 전에 그렇게 보였던 것처럼 악한 것은 아니다. 그 황제는 분명히 독일 대해군주의자들이 그를 강제로 그가 이해하지도 못하는 정책 속으로 끌고 가도록 허용할 만큼 유치한 바보였다. 폰 티르피즈와 그의 무리들은 진정한 악당들이었을지도 모르지만, 그들이 그것을 통해 해군과 자신들을 영광스럽게 빛내길 원했을 만큼 그 전쟁을 원하지는 않았을 수도 있다.

만약 포인카레가 악당이었다면, 그것은 그의 정책들을 촉발한 악한 마음이라는 악의라기보다는 오히려 협소하고 인종차별주의적인 국수주의의 한계들이었을 것이다. 불쌍한 어린애 같은 러시아 황제는 신경증적인 아내의 희생자였고, 반면에 그녀는 종교적 열광주의자와 두려움으로 고통당한 관료주의자들의 도구였다.

세상에는 아주 많은 악이 존재하는 것처럼 보이지는 않는다. 단지 복잡한 문명의 세세한 일들을 지도할 충분한 지성이 없다. 전쟁에서의 모든 주연들은 이제 위험한 장난감들을 가지고 놀았던 어린애들처럼 보인다. 만약 그들이 범죄자들이었다면, 그것은 수백만 명의 생명이 그들의 위험한 게임들에 관여되었고, 그 사실이 자신들의 놀이를 포기하도록 허용하지 않았다는 것이다. 인간의 모든 죄는 그것의 의도들보다는 그 결과에 있어서 훨씬 더 악화되는 것처럼 보인다.

그러나 그것은 도덕적 무정부주의를 정당화시키는 하나의 사실이 아니다. 결과들은 민감한 영혼들을 파괴로 이끄는 경로로 가지 못하게 할 만큼 충분히 분명하고 명백하다. 단지 무지가 아니라 인류의 복리에 대한 경화硬化가 사회적이고 개인적인 악의 혼합물에 있는 하나의 내용물이다.

어떤 의미에서 현대 문명은 덜 파괴적인 결과를 가져오는 의식적 죄들을 더 파괴적인 결과들을 가져오는 무의식적 죄들로 대체한다. 사람들은 의식적으로 사회의 악행을 제거하려 노력하지만, 반면에 그들은 보다 원시적인 사회에서 의도된 어떤 것보다 도덕적이고 개인적인 가치들에 대해 보다 파괴적인 문명을 부주의하게 건설한다.

1923

훌륭한 리더십

나는 ○○○라는 작은 마을에 있는 훌륭한 교구주임 목사를 만났다. 나는 고등학교 졸업식에서 연설을 하기 위해 거기에 갔다. 그의 교회는 평범한 마을 교회처럼 보였지만 그는 그 공동체의 부인할 수 없는 진정한 지도자였다. 폭넓은 교감을 하고 있었기에 그는 대부분의 목회자들을, 적어도 보다 광범위한 공동체 리더십에 관여되는 한, 작은 공동체들 속에서 무기력하게 남도록 위축시키는 일상적인 교파의 분열들을 초월할 수 있었다. 마을에는 두세 개 정도의 다른 교회들이 있었지만, 그가 그들 사이에 아주 다양한 종류의 협력을 발전시켜 왔기 때문에, 그들은 사역에 있어서 거의 한 몸이었다.

그는 주중 활동의 집합소가 된 작은 교회건물을 지었다. 그는 그 일에 삼일의 오후시간을 사용하며, 그 자신의 주중 종교학교를 지도했다. 젊은이들에 대한 그의 영향력은 분명히 그들과의 이런 밀접한 친교의 열매였다. 그는 그의 사역에 너무나 행복해해서 그의 야망의 당연한 목표로서의 대도시 교회들을 쳐다보지도 않았다. 그의 아내와 그 자신, 그리고 작은 두 아이들은 작은 목사관에서 아주 검소하게 살고, 그 목사관의 하녀는 그녀의 아이들뿐만 아니라 이웃을 어머니처럼 돌봐줄 시간을 가진 듯했다.

아마도 나는 시골마을의 생활에 대해 너무 낭만화하는 경향이 있는 것 같다. 때때로 그것은 아주 작고 보잘 것 없다는 것을 나도 안다. 그러나 심각한 계급 차이들이 없다는 것은 대도시에서 이룰 수 있는 것보다. 교회와 공동체에서 보다 수준 높은 형태의 교제를 가능하게 하고, 그 목사는 힘 있는 사람들을 달래야 하는 유혹에 빠지지 않는다. 작은 교회가 감당할 수 있는 적은 사례비는 단순한 생활을 하게 만들고 사회적 자만을 없애 준다. 만약 더 많은 젊은 동료 목사들이 그 같은 교회들에 기꺼이 가려고 하고 그들이 "커다란 설교단들" 중의 하나에 정착하지 않았기 때문에 겪는 열등감으로 고통 받지 않는다면, 우리는 그 교회에 새로운 능력을 부여할 수 있을 것이다.

운 좋게도 이 젊은 동료는 웅변가가 되는 일이 없이 현명한 지성을 가졌다. 만약 그가 보다 더 재능 있는 연설가였다면 그는 아마도 오래전에 "승진"되었을—그리고 닳고 달았을—것이었다. 나는 종종 특권과 권력이 단순한 기독교인의 마음을 타락시키는 경향이 있다는 것을 관찰해왔다. 이제 나는 세상이 측정하는 법을 아는 분명한 성공 같은 것이 이들 두 가지에 더 해져야만 한다고 확신한다. 성공의 유혹을 만나지 않았기 때문에 보존된 단순성은 덕이라기보다는 천진함이다. 그러나 만일 우리가 덕을 소유할 수 없다면, 천진함은 도덕적 실패에 빠지기 쉽다.

성공의 날까지 겸손함과 진정성을 지켜온 성공적인 사람들이 있지만, 그것을 성취하기는 아주 어렵다.

1923

유럽에서

나는 며칠간 S와 P와 함께 루르Ruhr 지역에서 지냈다. 비행기를 타고 콜로냐Cologne로부터 런던으로 돌아갔다. 루르 도시들은 내가 지금껏 본 것 중에 지옥에 가장 가까운 것이다. 나는 증오를 있는 그대로 볼 수 있다는 것을 결코 알지 못했지만, 루르에서는 이것이 가능할 것이라는 환영illusion 아래 있다. 분위기가 그렇게 채워져 있다. 거리들은 회청색 유니폼을 입은 프랑스 군인들로 가득 찼다. 학교들은 막사들로 변했다. 독일인들은 불안하고 비밀스러운 눈초리로 모든 이방인들을 쳐다보고 있다. 프랑스군 간부들은 거리를 통과할 때 자동차의 사이렌을 날카롭게 울리면서 거칠게 질주한다. 네가 만약 말을 터놓을 정도로 독일인들의 신뢰를 얻을 수 있다면, 그들은 악행들, 강제이주, 성범죄 등과 같은 끔찍한 이야기들을 네게 말해줄 것이다. 두려움과 증오에 의해 타오른 상상력은 냉정한 사실들을 의심할 바 없이 상세히 묘사하는 경향이 있다. 그러나 사실들은 충분히 나쁘다.

우리가 그 프랑스 점령지에서 며칠 머무른 후에 콜로냐에 도착했을 때, 우리는 마치 다른 세계 속으로 들어온 것 같이 느껐다. 루르 지역을 착취하는 데 있어 프랑스와 함께 공동이익을 추구하는 영국이 명백하게 망설인 것은 영국 군대와 현지 주민들 사이에 선의를 부각시켰다. 그러나 콜로냐에서의 하루가 에센과 뒤셀도르프의 기억을 지울 수는 없다. 그것은 끔찍한 악몽과 같이 마음속에 자리 잡고 있다. 사람은 전쟁 시기의 모든 감상적인 웅변가를 루르에 보내고 싶어 할 것이다. 그러면, 이것은 전쟁을 치렀다고 하는 영광스러운 이슈가 될 것이다! 나는 1914년의 유럽을 알지 못했지만, 사람들 사이의 증오가 지금보다 더 심했으리라고 상상할 수 없다.

이것은 다른 때와 마찬가지로 내가 전쟁 비즈니스에서 손을 씻었노라고 결심하기에 좋은 때이다. 물론 나는 지난 전쟁에 진짜로 관여하지는 않았다. 나는 이전에도 그랬을 것이다! 많은 질문 없이 단순한 마음으로 그의 조국을 위해 싸우는 모든 군인들은, 국가들의 도덕적 혼동을 증가시키거나 영속화시키는 것보다 더 나을 것 없는 목적을 섬긴 우리들보다 더 우월하다. 물론 우리는 진정 우리가 이제야 아는 모든 것을 알 수는 없었다. 그러나 이제 우리는 안다. 하나님은 인간들의 무지의 시간들을 눈감아줄 수 있지만, 이제 그는 우리 모두가 회개하라고 부르신다. 나는 이 비즈니스에서 손을 씻었다. 나는 그 결심을 확실하게 만들 수 있기를 희망한다.

우리가 보트에 올라탔을 때, 교회가 전쟁에 관여하는 것을 포기하는 가능성에 대해 얘기하는 중에, 냉소주의자들 중 한 사람이 교회가 전쟁에 대해 보이는 현재의 기질은 이상주의라기보다는 역겨움에 의해 촉발된 것이라고 추정했다. 그는 교회가 이 문제에 있어서 정말로 진정성이 있었는지 한동안 증명할 수 없을 것이라고 주장했다. 내 생각에는 그가 옳다. 비록 사람이 진리에 이르는 모든 경험을 경멸해야만 하는지는 알지 못한다 할지라도. 위장의 통증은 때때로 머릿속에 있는 생각처럼 바로 그렇게 궁극적인 목적을 위해 사용될 수도 있다. 그러나 역겨움이 마침내 사라질 것이라는 것은 아마 사실일 것이고, 그때의 질문은 대중의 히스테리를 무시한 채 확신을 지속할 보다 근본적인 힘이 있는지의 여부가 될 것이다.

내 자신의 경우 나는 전쟁에 대한 나의 결정이 홀로 서 있도록 하지 않을 것이다. 나는 모든 인간관계들과 내가 과거에 가졌던 것보다 훨씬 더한 신뢰와 사랑의 힘을 실험하면서, 단순히 기독교인이라기보다는 그리스도의 제자가 되기 위해 노력할 것이다.

1923

사랑이 넘친 성탄절

이번은 멋진 크리스마스였다. 그 사람들은 훌륭했다. 가정들을 방문하여 아이들이 웃는 모습과 기뻐하는 모습을 바라보는 것이 즐겁다. 가난한 사람들에게 크리스마스 선물을 주자는 우리의 요청에 그 사람들이 어떻게 응답했는지 보는 것은 위로가 된다. 교회는 어제 모든 종류의 음식들과 장난감을 높이 쌓였다. 인간의 본성에는 선한 것이 아주 많다.

물론 냉소주의자들은 정의롭게 되는 것보다 자선을 베푸는 것이 더 쉽다고 말할 것이고, 현명한 사회관찰자들은 필요한 자들에게 우리가 준 것이 우리가 우리 자신들을 위해 소비한 것 중에 단지 극히 적은 일부라는 것에 주목할 것이다. 결국 사랑의 정신은 가정의 삶에서 여전히 심하게 고립되어 있다. 내가 만약 가정이 있다면 그런 생각은 결코 안했을 것이다. 결혼하지 않았기 때문에 현대사회에 대한 내 비판정신 속에는 너무도 불평이 많다고 예전에 내게 말해준 나이 든 감리교 목사가 아마 옳을 것 같다. 사랑할 네 명 정도의 아이들만 있었다면 사랑의 정신이 모든 인간사를 지배해야만 한다는 주장에 그렇게 신경 쓰지 않았을 것이다. 그리고 내가 하듯이 사랑의 정신에 대해 립 서비스만 하는 것보다 네 명의 아이들을 사랑하는 것이 더 가치 있었을 것이다.

1924

부흥회

부흥회는 전혀 내 체질에 맞지 않는 것 같아 보인다. 아마도 나는 너무나 냉정해서 그것들을 즐길 수 없는 것 같다. 그러나 나는 감정주의에 대해 일반적인 부흥회 목사들의 지적 정직성의 결핍에 반대하는 만큼 그렇게 반대하는 것은 아니다. 나는 복음전도자들이 반드시 의식적으로 부정직하다고 암시하고자 하는 것은 아니다. 그들은 단지 기독교적 삶의 문제를 그것의 완전한 의미 안에서 제시할 만큼 삶과 역사에 대해 충분히 알지 못한다. 그들은 오직 그리스도에 대한 감정적 헌신만이 죄와 무질서로부터 영혼을 구원하기에 필요한 것이라고 항상 추정한다. 그들은 얼마나 많은 인류의 비극들이 악의 때문이 아니라 잘못 인도된 열정과 균형 잡히지 않은 덕들 때문에 일어나는지 결코 깨닫지 못할 것처럼 보인다. 그들은 그 가정을 사회 안의 이기적 구성체로 만듦으로써 가족애를 타락시키는 사람들이나 혹은 신중한 미덕들에 대한 과도한 헌신에 의해 산업을 비인간적으로 만드는 사람들을 전혀 돕지 못한다.

물론 그것은 모두 충분히 피할 수 없는 것이다. 만약 이슈들을 단순화하지 못한다면 감정적 위기를 불러일으킬 수 없다.

군중들을 사로잡는 것은 그 멜로드라마이다. 제정신의 역사는 거의 멜로드라마 같지 않다. 하나님과 악마는 삶과 역사의 장면에서 충돌을 일으킬 수 있으나, 모든 패배 후에는 승리가 따르며, 모든 승리 뒤에는 어떤 종류의 패배가 따른다. 하나님의 대리인들은 거의 신적이지 않고, 사탄의 졸개들은 결코 아주 악마적이지 않다.

나는 진리를 과도하게 단순화하지 않고 웅변적으로 힘 있게 만드는 어떤 방법이 있는지 궁금하다. 권력은 항상 진리를 희생시켜 가며 얻어져야만 하는가? 아마도 삶에 대한 약간의 단순화는 정당화될 것이다. 결국 모든 예술가들은 대담한 선명함을 제시하기 위해 일부 상세한 것들을 흐릿하게 만들어버린다. 종교적 수사학자는 과학자들보다는 예술가들 속에, 그리고 그의 기준들을 예술가들로부터, 그 자신을 포함시킬 권리가 있다. 문제는 그가 대부분의 경우 만화가보다 나을 것이 없다는 것이다.

1924

선임자와 후임자

오늘 밤 ○○○에서의 연합 예배에서 설교한 후에, 로치 목사는 그의 "설비"(산업주의는 심지어 교회의 어휘마저 침범했다)를 내게 보여주었고, 그의 등장 이후 그 교회가 이룩한 모든 발전에 대해 명백한 자긍심을 가지고 내게 말했다. 내가 목사들과 함께하며 가졌던 가장 환멸적인 경험 중의 하나는 그들의 선임자들의 사역에 대해 얕보거나 감사하지 않는 그들의 한결 같은 성향이다. 만약 누군가가 그들의 교회가 소금의 역할을 하지 못한다는 것에 대해 암시적으로 얘기하면, 사람들은 모든 교회가 현 세대의 예언자들이 그 절실한 상황을 제어하기 전에는 분명히 영적이고 유기적인 부패 상태에 있었다고 상상하려할 것이다. 물론 이러한 법칙에도 분명한 예외들은 있다. 그러나 주님의 포도원 안에는 전임 일꾼들에 대한 이러한 옹졸한 질투가 많이 있다. 그 사람들의 일부는 아마도 아첨쟁이 교구원들의 희생자들일 것이고, 나머지 사람들은 단지 원래부터 옹졸할 것이다.

1924

길들여진 예언자

나는 대부분의 예언자들이 떠돌이들이었다는 사실이 놀랍지 않다. 교회의 비판자들은 우리 설교자들이 교회 사람들에게 경제적으로 의존하기 때문에 진실을 말하는 것을 두려워한다고 생각한다. 그런 말에는 중요한 무엇인가가 있긴 하지만, 그 문제의 본질에 아주 근접한 것은 아니다. 나는 확실히 지금 버는 것보다 더 많은 돈을 훨씬 쉽게 벌 수 있지만, 나 자신이 내 말의 무게를 재어보고 이 사람과 저 사람에 대한 그 말들의 가능한 효과들을 측정하고 있다는 것을 발견한다. 나는 설교자의 길들여짐에 대한 실제적인 단서는, 사랑하도록 배운 사람들에게 불편한 진실을 말할 때의 어려움이라고 생각한다.

사랑 안에서 진실을 말하는 것은 어려우며, 때로는 이루기에 거의 불가능한 것이다. 만약 진실을 부적절하게 말한다면, 그것은 주로 분노가 치밀어 올랐거나, 혹평의 대상에 대해 개인적 애착이 없기 때문이다. 일단 개인적 접촉이 이뤄지면 그 털 깎인 양떼들에게 성질부리는 것을 자제하는 것은 아주 쉽다. 인간적이면서 동시에 정직하기란 분명 어렵다. 나는 대부분의 신진 예언자들이 시간이 흘러 무해한 교구 제사장들이 되도록 길들여지는 것이 놀랍지 않다.

세속적 일을 하고 있고 사회의 부당함 속에 크건 작건 어쩔 수 없이 휘말려 있는 선한 사람들에게 내가 트집을 잡고 있다니, 내가 무슨 짓을 하는 건지 모르겠다. 괴테가 관찰했듯이, 양심은 행위자라기보다는 관찰자에 속해있고, 모든 설교자는 그 자신이 행동하지 않고 관찰하기 때문에 부분적이나마 도덕적으로 민감하다는 것을 깨닫는 것이 좋을 것이다.

만일 기독교적 모험이, 설교자는 단지 수많은 탐색자들의 지도자에 불과하며 다른 사람들의 경험 속에서 주목 했던 것을 자신의 경험 속에서 똑같은 어려움으로 의식하는 것이라는 사실에 대한 상호적 탐색이라면, 나는 그가 왜 떠돌이 순례자가 되지 않고는 예언자가 될 수 없는지 이해할 수 없다.

1924

유럽에서 2

우리는 요크York 시의 목사를 방문함으로써 하루를 시작했고 런트리Rountree 코코아 일터에서의 저녁 식사로 일과를 마쳤다. 사람들 중 몇몇은 목사가 참으로 형편없는 낭독을 했던 그 성당에서의 성찬예배보다는, 우리가 런트리에서 참여했던 근대산업의 윤리적 문제들에 대한 토론 속에 더욱 영성이 깃들어 있었다고 생각했다. 물론 그 저녁식사에서의 토론은 윤리적 내용면에서 더 풍부했지만, 아무리 활기차다 해도 윤리적 문제들에 대한 토론에서는 찾을 수 없는 종교적 가치들이 성당 안에 있다.

종교는 삶의 미스터리들과 우주의 무한성들 앞에서의 외경에 대한 반응이다. 윤리적 경험 없이 무한성은 결코 윤리적 어휘로 정의될 수 없으나, 동시에 경건하고 도덕적으로 살아 있는 영혼은 거룩함이라는 면에 있어서 무한을 이해하는 법을 배우고 우리의 지식과 양심 모두를 초월하는 하나님을 예배한다. 흐릿한 종교적 불빛, 아치형의 천장, 제단의 장막, 쉿 소리를 내는 속삭임을 지닌 성당은 종교에 있어 신비감을 주는 상징적 요소이다.

적절한 설교 없이는 신비감의 중심에 도덕적 목적을 부여할 근거가 없으며, 외경심은 윤리적 내용이 없는 채로 남는다. 그러나 경외감 이상을 결코 넘지 못하는 종교는, 삶의 궁극적이고 말로 표현할 수 없는 진리를 보잘 것 없는 교만한 인간이 익숙하고 순응적인 교인들 앞에서 상세히 설명하는 하찮은 공식쯤으로 축소시킨 것보다 (더 예배드릴 만하더라도) 완벽하지 않다. 주술을 믿지 않는 한 아무런 도움이 될 수 없는 오늘 아침의 그 망쳐버린 성찬 예배가 비록 성당에서 일어나는 모든 것들의 전형은 아니라 할지라도, 성당에서 더 이상 윤리적으로 생명력 있는 설교가 행해지지 않는다는 것은 유감이다. 그러나 나는 두려움과 외경심이 우리 교회들로부터 떠나버렸다는 것에 대해서도 똑같이 유감으로 생각한다.

많은 교회들의 바로 그 외양은 종교에 있어서 한 가지 꼭 필요한 요소가 사라졌음을 나타낸다. 오히려 너무나 감각적으로 예쁜 소프라노 독주가의 빨간 모자와 오히려 너무나 자의식적인 목사의 예복으로부터 편안한 의자 쿠션들과 훌륭한 의자 손잡이에 이르기까지, 모든 것은 종교적이라기보다 세속적인 것을 연상시킨다. 아침의 태양은 "회중석"을 환하게 비추고, 세속적 지혜의 태양은 설교자의 이야기를 분명하게 드러내준다.

물론 나는 헌신적 태도가 종종 명료한 생각을 하지 못하게 한다는 것을 알지만, 우리는 복잡한 문명 속에서 윤리적 삶을 살아가기 위해 명료한 생각이 필요하다. 그러나 예배와 가르침 둘 다를 행하기 위해, 시적인 것을 과학적 태도와 함께, 신비한 것을 분석적인 것과 함께 보존하는 것이 불가능한 일만이어서는 안 된다. 나는 그것이 헤이우드 브라운이 언젠가 "이단적 설교를 하는 성공회 교회"에 대한 선호를 나타냈을 때, 그가 몰아가려고 했던 것이라고 생각한다. 불행하게도, 이단적인 것, 즉 도덕적으로 생명력 있고 동시대적인 종교적 가르침은, 예전적 liturgical 교회에서는 흥성하지 않는 것처럼 보인다.

그러나 여기 영국에는 성당 안에서 예언자적 설교를 하는 사람들이 많이 있다. 아마 더 많을 지도 모른다. 미국에서 그런 사람들은 분명 많지 않다. 그러나 그것이 우리가 종교적 두려움과 경외감을 도덕적으로 위험한 것이라고 일축해야 하는 이유는 아니다. 결국 우리가 우리 "교회 설교단"에서 듣는 예언자적 설교는 세속화된 교회가 도덕적 잠재력에 있어서 우월하다는 어떤 확신을 우리에게 줄 만큼 그렇게 강하지 않다.

1924

비종교성

오늘 ○○○씨 부부의 가정을 방문하는 동안 어린 랄프는 그 집의 개를 골탕 먹여서 나를 즐겁게 해주는 것이 자기가 해야만 하는 일이라고 느꼈다. 나는 이미 그 개의 품종을 잊었으나, 복슬복슬한 털이 그 개의 두 눈을 완전히 덮어서 마치 아무것도 볼 수 없는 것처럼 보였다. 랄프는 그 개의 시야를 좋게 하기 위해서 머리털을 잘라버리면 그 개는 장님이 될 것이라고 신이 나서 말했다. 이와 같이 자연은 자신의 부족함에 대해 자신을 적응시키는데, 미래의 여성들이 귀를 드러낸다면 그녀들은 귀머거리가 될 위험에 빠질 수도 있다는 것이다.

랄프의 개는 우리 비종교성의 많은 부분에 대한 실마리를 제공했다. 수많은 사람들의 눈들은 미신과 환영illusion에 뒤덮여 있어서 그들은 지식이라는 대낮의 빛에서 그들의 시력을 보존할 만큼 충분히 강하지 못하다. 그들이 미신들로부터 해방된다면, 바로 그 순간에 그들은 제한에서 풀린 시각을 가진 장님이 된다. 그들은 석양이 지는 동안에는 아름다움을 볼 수 있으나, 밝은 빛은 삶의 아름다움과 의미를 가려버린다.

물론 그 눈은 궁극적으로는 그 자체를 밝은 빛에 적응시킬 것이고, 사람들은 그들의 처음 시각을 바꿔주는 구체적이고 특별한 대상들에 익숙해지도록 성장하게 되며, 그들은 다시 전체의 장면을 보는 법과 모든 것들을 그들의 관계성 속에서 인정하는 것을 배울 것이다.

    삶의 의미가 드러나는 것은 관계성들과 전체성 속에서이다.

1924

예전의식에 대하여

유럽에서 여름을 보낸 이래로, 나는 가을 전부를 우리 예배를 개발하는 데 사용해오고 있다. 내가 거기서 들은 비국교도 교회들 내의 제의적 예배의 다양한 형태들은 내게 아주 매력적이어서, 나는 그것들을 따라해보기로 결심했다. 물론 성공회 예배들은 그것들 자체의 매력이 있지만, 그것들을 가능하게 만드는 기술은 우리보다 위에 있다. 몇 해 동안 나는 몇 가지 회중 응답 기도들을 사용했지만, 이제 나는 탄원기도, 신앙고백서, 찬양과, 그것으로써 예배가 풍성해질 수 있는 어느 모로나 예전적 아름다움의 요소와 의미를 지닌 프로그램을 개발하고 있다.

우리 예배들을 그렇게 메마른 상태가 되도록 놔뒀다는 것은 수치스러운 일이다. 내가 유일하게 후회하는 것은 내가 예전적 목적들에 적절하도록 우리 교회를 세워 가기 위한 적당한 때에 깨어나지 못했다는 것이다. 성공회 교인들이 따라야만 하는 예배 규정들에 대한 제한 없이, 정성들여 풍성하게 준비한 예전적 예배를 진행할 때 많은 기쁨이 있을 수 있다. 사람들이 나만큼이나 예배 속에 더해진 아름다움을 좋아하는지 나는 알지 못하지만, 많은 사람들이 감사를 표시해 왔다. 내가 보기에 예배의 영적 가치에 있어서 큰 차이를 만드는 것은, 잘 써진 문구 속에서 표현된 진정한 종교적 감정을 띤 약간의 유니송 기도와 기도들에 대한 성가대의 응답, 묵상 기도를 위한 침묵의 순간들인 것처럼 보인다.

형식을 갖추지 않은 예배가 좀 더 자발적이고, 따라서 형식을 갖춘 것보다 더 종교적이라는 생각은 나 자신의 경험상 그릇된 것이다. 아주 소수의 사람들만이 진정 그들의 "목회 기도들"을 통해 나를 기도하고 있다는 분위기에 빠지게 했다. 반면, 진정으로 아름다운 예배는 실제로 하나님에 대한 신비감을 준다.

1924

목회자의 허영심

오늘 ○○○에 도착해서 정오에 자유주의적 사람들의 그룹에서 이야기를 했다. 그 미팅은 YWCA 총무에 의해서 준비되었다. 그들이 심지어 가장 온건한 경제적, 정치적인 이설들마저도 두려워한 반면에, 나는 그 시골의 이러한 지역 안에 있는 그들의 신학적 자유주의를 아주 즐겼기 때문에 그들을 약간 놀려줬다. 물론 그것은 딱히 그 식탁에 앉았던 사람들에게 적용되는 것은 아니었지만, 이 전체 모임에게는 적용된다. 한편으로 그가 경제 문제에 대한 그의 확신을 걱정스런 속삭임 속에서만 말하는 반면, 한 세대 전에 신학적 논쟁이 승리를 얻은 도시 안에서 그의 신학적 급진주의에 대해 자랑하는 설교자만큼 엉뚱한 사람도 없다.

나는 ○○○(지도자급 목사)를 방문해서 우리 조직을 위해 내가 그에게 관심을 가질 수 없는 지 알아봐 달라는 요청을 받았다. 그는 흥미로운 연구대상이었다. 그는 내게 그 도시 안에서 그의 주요한 커넥션들과, 그의 대단한 교회 프로그램과, 그의 교회의 예산을 증액시켰던 방법과, 그의 건축 계획들과, "동시에 전선에서 계속 전쟁해야 할" 필요성과, 그의 신학적 전투에 대해 얘기했다. 그리고 그의 도움을 구하는 자유주의 진영 그룹에 속하는 것을 거절함으로써 이야기를 마쳤다. 그리고 그는 자신의 막중한 책임을 고려할 때, 그 자신을 급진적 운동과 동일시함으로써 일생동안 헌신해 왔던 수많은 위대한 "원칙들"을 위험에 빠뜨리는 것이 바람직하지 않으리라고 생각했다. 그가 허영심과 마찬가지로, 아무런 괴로움도 느끼지 않고 그의 소심함을 감추려 했음에도 불구하고, 나는 그의 소심함에 그렇게 신경 쓰지 않았다. 나는 단지 망령 든 그의 숭배자 무리들 앞에서 그가 매주 날뛰고 있는 것을 볼 수 있었다.

분명히 그의 주요한 문제들 중의 하나는 그가 잘 생겼다는 것이다. 목회자는 잘생긴 얼굴이 주는 도덕적 위험요소를 감내하지 않고서도 허영심에 대해 충분한 유혹을 지니고 있다. 만약 이 젊은 친구가 나이 든 고든 박사님의 딱 절반 만큼만이라도 못생겼다면, 그의 은혜의 일부를 얻을 기회를 가졌을 것이다. 그러나 나는 그러한 일반화를 너무 심하게 하기 원치 않는다. 나는 목회자의 의복 광고를 위해 포즈를 취할 수 있을 법한 한두 명의 거룩한 목사들을 안다.

1924

목회자의 청빙과 보수

○○○에 있는 제일 ○○ 교회가 새 목사를 청빙했다는 것을 알리는 편지를 오늘 받았다. 전임자만큼 학문적인 면을 갖춰야만 하고 더한 "박력"을 가져야만 하는 적임자를 찾느라 헛수고를 한 후에, 그들은 연봉을 15,000불로 올리기로 결정했다. 나는 그것이 마침내 그들의 문제를 푼 요인이 됐는지는 잘 모르겠지만, 어쨌거나 그들은 그들이 원하던 사람을 데려왔다. 내 생각에 아리스토텔레스와 데모스테네스*의 조합을 찾는 것은 쉽지 않고, 현재 시세로 그것은 15,000불의 가치가 있어야만 한다. 그럼에도 불구하고 이런 과도한 사례비의 문제에는 약간의 제한이 있어야만 한다.

또한 강대상의 달변가 주위로 교인들을 세워가려는 교회들의 점증하는 경향에 대해서도 약간의 질문을 제기해야만 한다. 목사가 그만큼 많은 현금을 받게 될 때, 특별히 대부분의 경우 한두 사람의 크뢰수스**가 그 돈의 지나치게 많은 부분을 제공해야 하므로, 그가 어떤 종류의 근본적이고 윤리적 문제를 생

---

* 역주. 웅변가.
** 역주. 대부호.

생하게 말할 수 있을까? 나는 이 청빙을 수락한 주님의 예언자에 대해서 아무것도 모르지만, 저 이교도 도시 안에 있는 어떤 죄인도 그가 오기를 기다리는 중에 그의 구둣발 소리로 인해 떨지는 않을 것이라는 예언을 감행해본다.

직업적으로 선한 사람이란 생각은, 도덕적 이상에 대한 교사들로서 직업적으로 참여하고 있는 우리 모두에게 충분히 어려운 것이다. 물론, "사람은 생활해야만 한다." 그리고 우리가 먼저 그의 나라를 구하고 그의 의를 구하면 "이 모든 것을 너희에게 더하시리라"고 약속되어 있다. 그러나 나는 예수가 15,000불의 사례비를 염두에 두고 있었을 지에 대해 의심이 든다. 만일 더해진 것들이 너무 많아지면 그것들은 너의 집중을 심각하게 방해한다. 너의 눈을 그 주요한 목적에 계속 두려고 하는 것은 너의 눈을 사팔뜨기로 만드는 결과만을 낳을 것이다. 나는 그 새로운 예언자가 "나는 손해를 제외한 모든 것을 셈에 넣는다"라는 제목으로 설교하면서 그의 사역을 시작하지 않기를 바란다.

1924

목회자의 사례비

나는 최근에 목회자들의 사례비에 대해 적었던 것을 다소 창피하게 생각했으나, 오늘은 이상하게도 내 비판이 정당화되었다. 모자를 사기위해 가게로 들어가던 중에 나는 그의 새로운 목사에 대해 얘기해준 나이 든 친구를 만났다. 그의 교회는 적임자를 찾기 위해 오랫동안 노력을 했고, 그들은 그 이후 특별한 모금 운동의 힘으로 연봉을 6,000불에서 10,000불로 올렸다. 그것은 분명히 그 교인들 중 대부분의 사람들이 버는 것 이상이다. 그는 상당한 자부심을 가지고 나에게 말하기를, "당신은 우리의 새로운 목사님 설교를 들어봐야만 해요. 세상에나, 진짜 그는 뛰어난 설교자예요!" 그리고 그는 다른 손님들이 못 들을 만큼 바짝 다가와서 내게 속삭였다. "그는 그래야만 해요. 우리는 그에게 1만 불을 주고 있어요." 아주 무의식적인 냉소가 흘렀다.

1924

장례식 설교

나는 종교적 믿음이 변증법에 얼마나 의존하지 않는지 깨닫기 시작한다. 생전에 영적인 매력과 도덕적 힘을 보여줬던 사람을 장례해달라는 요청을 받았을 때는, 나는 확신과 능력을 가지고 불멸에 대한 희망을 설교할 수 있다. 그러나 종교적, 도덕적 특징이 없는 사람들의 장례는 나를 무기력한 상태로 남겨놓는다. 내 생각에 나는 뻔뻔한 죄인을 보다 만족스럽게 장례할 수 있을 것 같다. 분명히 신으로부터 버림받은 사람의 삶에는 설교에 포인트를 주는 진정한 비극에 대한 기록이 항상 있다. 그러나 이 톰린슨Thomlinsons 가족들은 골칫거리이다.

물론 그러한 태도에는 상당한 자부심이 있고, 그것은 부분적으로 무지 때문이다. 그의 죽음이 애도되는 사람을 아는 순간, 나는 그 상황 속에 동정적으로 빠져들 수 있다. 너무나 불쌍하고 무기력해서 그 삶 안에 영원에 대한 약간의 일면이라도 드러내지 않는 영혼은 거의 없다. 내가 만약 고인과 접촉이 거의 없었다면 나는 그의 죽음이 그와 가까운 사람들에 의해 진정으로 애도된다는 것을 내 자신에게 잘 상기시킬 수 있다. 우리를 가장 잘 아는 사람이 우리를 가장 많이 사랑하는 사람이라고 하는 것은 결국 인간 본성의 본질에 대한 영광스러운 찬사이다. 아마도 그들의 사랑은 때때로 사람들이 익숙한 대상들에 대해 갖게 되는 자연스런 애착 이상의 것은 아니었을 것이다.

장례식들은 나에게 혹독한 시험이지만, 나는 대부분의 애도자들의 신경 무딘 용기와 조용한 애도가 감동의 진정한 원천임을 인정해야만 한다. 아주 예외적으로만 사람은 히스테리컬한 슬퍼함과 극적이고 위선적인 애통함을 경험한다. 애통의 때에 사람들은 얼마나 간절하게 그들의 작은 믿음을 되찾는가! 종교적 믿음이 이 세상에 대한 고난 때문에—고난에도 불구하고가 아니라—번성하는지 아는 것은 아주 쉽다. 그것은 이런 죽을 수밖에 없는 삶이, 불멸에 대한 희망으로 용기를 성취하는 인생의 주목적과는 아무 상관없는 것으로 느껴지기 때문이다.

1924

추수감사절

우리는 오늘 추수감사절 합동예배를 가졌다. 그것은 네 교파가 그런 예배를 수행하기 위해 일치할 수 있었다는 사실을 그 인도자가 지나칠 수 없었다는 사실만 제외한다면 훌륭한 예배였을 것이다. 이것이 위대한 진보가 될 것으로 기대했다. 하지만 사실 그 교회에 있는 사람들은 오래 전부터 마을의 수십 개의 사업체들 속에서 하나가 되어 왔다. 그 사람들이 어느 교회에 속해있건 간에, 그 사람들은 똑같은 로터리 클럽과 키와니스 클럽에 참석했고, 여성들은 똑같은 문학과 서평 클럽의 회원들이었다.

교회는 우리 미국 사회를 일치시키는 요소가 될 기회를 잃어버렸다. 교회는 어떤 사실들도 기대하지 않고 있다. 그것은 단지 경제적인 것과 다른 세력들에 의해 창조된 새로운 사회적 사실들을 아주 천천히 따라잡고 있을 뿐이다. 미국의 멜팅 팟 melting pot(용광로)은 작용을 하고 있는 중이다. 교회들은 단지 다양한 유럽의 문화들을 대변하고 있을 뿐이며, 혼합적인 미국 생활 속에서 길을 잃었고, 종교 안에서만 독자적 존재성을 유지하고 있는 중이다.

우리가 교회 일치의 길 안에서 성취하는 것을 겸손하게 받아들여야만 하고 교만하게 환호성 지르지 말아야 한다. 우리가 창조하고 있는 것이 아니다. 우리는 단지 창조를 따라잡고 있을 뿐이다.

1924

성공한 드럼 연주자

오늘 세인트루이스에 가는 길에 풍채 좋고 수다스러운 신사가 내 뒤에 앉았는데, 그는 기도서를 읽고 있던 두 명의 수녀들에게 아주 많은 관심을 보였다. 성공한 드럼 연주자의 완벽한 전형처럼 보인 그 남자는 수녀들보다 훨씬 우월하다고 느꼈다. 어떻게 오늘날 요즘 같은 세대에 "그런 것을 믿을" 수 있는지, 그는 귀에 대고 큰 목소리로 말하며 알고 싶어 했다. 그는 "그들은 유령들을 생각나게 합니다"라고 말했다.

나는 흰색 테두리를 두른 두건을 지닌 이러한 검정 형태에 대하여 거의 이 땅에 속하지 않는 것 같은 어떤 것이 있었다는 것을 인정해야만 했다. 그러나 그들의 얼굴은 친절하고 인간적이었고, 그 드럼 연주자의 얼굴은 감각적이고 혈색이 좋았다. 아마도 그와 수녀들의 차이는, 그가 현대인의 완벽한 전형이라고 내가 주장하고 싶어하는 것은 아니라 할지라도, 우리의 '현대성'에 대한 본질을 드러내는 듯하다. 그러나 우리에게는 인간의 삶에 있어서 잔혹한 사실들을 누그러뜨릴 수 있는 어떤 새로운 충성심을 획득하지 못한 채 모든 종류의 종교적 규율로부터 해방된 현대인들이 대단히 많다.

설령 환영illusion으로 뒤섞여 있다 할지라도(그 안에 사랑의 정신을 갖고 있는 어떤 것이 모두 환영은 아니라 할지라도), 삶이 어떤 이상적 가치를 체현시키는 것은, 그것이 단지 살고자 하는 의지만을 표현하는 것보다 더 낫다. 내 드럼 연주자는 그 자신을 저 수녀들과 비교해서 현대인이라고 생각한다. 나는 거기에 웅크리고 앉아있는 그를 쳐다보았다. 그리고 그 수녀들의 수수하지만 아름다운 얼굴들을 다시 한번 바라보고 내 자신에게 물었다: 무엇이 현대적이고 무엇이 고대적인가? 유령들과 요정들이 있기 전에 어리석은 사람들이 있지 않았나?

1924

윌리엄스 주교

윌리엄스 주교*가 죽었다. 그것을 나 자신에게 말하고 그것을 믿으려 노력하는 동안, 나는 앉아서 바닥을 응시한다. 생명력 넘친 한 인물이 죽음이라는 사실들마저 용납하지 못할 정도로 얼마나 낯설게 만드는가. 나는 그 어디에서도 예언자였던 이 주교 안에서보다 그리스도의 영으로 빛나는 인물을 보지 못했다. 여기에 기독교가 산업문명에 있어서 무엇을 의미했는지 해석하는 법을 알았던 사람이 있다. 산업에 있어서 민주주의적 요소에 대한 그의 두려움 없는 옹호는 그에게 다른 어떤 성직자들도 소유하지 못했던 그 도시 노동자들의 존경과 사랑을 얻게 했다.

그러나 나는 그가 디트로이트 산업의 전반적 경향을 머리카락 한 올 만큼도 변화시키지 못했다는 것을 인정해야만 한다는 것이 두렵다. 심지어 그는 그가 사회를 바라보는 관점에 대해 점점 커져가는 적개심에 직면하여 사임서를 제출해야만 했다. 그 사임서는 부수적으로, 겸손한 자기 분석과 그의 신조에 대한 진실을 용기 있게 주장하는 보석과 같은 것이 되었다.

---

* 역주. 월터 라우센부시의 "사회복음" 운동을 옹호했던 미시간 관구의 성공회 주교.

그는 디트로이트 산업을 변화시키지는 않았으나 우리들 대부분에게, 한 기독교인의 양심의 관점에서 그가 동시대 문명에 대해 지적이고 용기 있는 분석을 했기 때문에, 우리의 머리를 보다 똑바로 쳐들고 있도록 만들어주었다. 만약 한 사람의 주교가 그가 가진 모든 특권을 가지고도 그 도시의 전반적인 분위기에 더 큰 진척을 만들어 낼 수 없었다면, 남은 우리들에게는 어떤 기회가 있을 것인가? 아마도 우리 중에 어느 누구라도 할 수 있는 최선은 이것을 말하는 것이리라:

> 그때 한 번 더 채우라 그리고 침묵하라,
> 승리자로 하여금 그들이 올 때,
> 무용지물의 요새가 함락될 때,
> 그 성벽 옆에서 너의 시체를 찾게 하라.

사탄이 네게 굴복하여서가 아니라 너의 이름이 천국에 새겨졌기 때문에 기뻐하라고 예수는 말하였다. 사람은 자기 자신의 완성을 위해서라기보다 사회의 개혁을 위해 투쟁해야만 한다. 그러나 사회는 윤리적 제약들 아래서 너무도 완고하게 그 과정들을 불러오려는 모든 노력에 저항하기에, 사람은 꼭 필요하지만 결국 헛된 투쟁 중에 그의 도덕적 온전함을 유지하는 것에 끝내 만족할 수밖에 없다. 물론 그 투쟁은 첫눈에 보이는 것처럼 결코 헛된 것은 아니다. 그 주교는 디트로이트 산업을 바꾸지는 않았지만, 만약 교회가 언젠가 산업문명 안에서 하나님 나라의 진정한 대리자 된다면, 비록 그는 죽었어도 그의 목소리는 그것의 조언들 속에 남아 있게 될 것이다.

1925

교회와 윤리

교회 컨퍼런스 기간 동안, 나는 종교가 전반적으로 왜 그렇게 윤리적으로 무기력한지, 교회가 성취하는 것이 교회가 도덕적으로 주장하는 것에 비해서 왜 그렇게 불충분한지를 좀 더 분명하게 바라보기 시작했다. 설교 뒤의 설교, 연설 뒤의 연설은 교회 다니는 사람들이 예수의 윤리적 이상들에 헌신되었고 사회에서 구속하는 힘의 유일한, 혹은 적어도 주요한 실행자라는 가정에 근거하고 있다.

일반적인 이상ideal에 헌신한 사람들에게 특별한 상황 속에서 있는 그 이상ideal이 의미하는 바에 대해 생각해보도록 설득하는 것은 아주 어렵다. 그들이 사회적이고 개인적인 행위의 특정 목적들을 고려하고 그것들을 경험의 빛 안에서 평가하도록 촉구하는 것은 심지어 더 어렵다.

교회 컨퍼런스는 보통 인격적 예수에 대한 개인적 충성이라는 면에서, 이상ideal이라는 감정을 고무시키도록 노력함으로써 시작하고 끝나지만, 그 감정을 특별한 임무와 계획들에게 거의 연결시키지 않는다. 우리 시대의 산업화된 삶은 비윤리적인가? 국가들은 제국주의적인가? 가정이 해체되고 있는가? 젊은이들이 가치에 대한 의식을 잃고 있는가? 그렇다면, 우리는 "성령의 새로운 세례", "종교의 새로운 부흥", "종교적 양심의 위대한 각성" 외에는 어떤 것도 도움이 되지 않는다는 소리를 계속해서 반복적으로 듣는다.

그러나 왜 구체적이면 안 되는가? 교회는 왜 우리 시대의 문제들에 대한 기독교 윤리학의 적용에 관해 특별한 제안을 하지 않는 것인가? 만약 그러한 제안이 행해진다면, 그러한 정책은 논쟁을 불러일으키리라는 대답을 듣게 된다. 전통주의자로부터의 저항과 경험주의자들 사이의 논쟁 없이는 어떠한 도덕적 계획도 제시할 수 없고 어떠한 모험도 행할 수 없다. 그러나 보다 효과적이 된다는 것은 제외하고서라도, 그러한 길은 감수성 속에서 이렇게 목욕만 하고 있는 것보다는 더 흥미로운 것이 될 것이다. 만약 교회가 윤리적 이슈들에 관하여 분열을 일으킬 수만 있다면! 그것들은 삶과 실체를 나타낼 것이다. 그것의 현재적 분열들은 그렇게 비도덕적인 것이 아니다. 그것들이 우리 시대와 전혀 관계없는 이슈들을 영속화한다는 점에서만 그것들은 비도덕적이다.

현대생활과 종교

목회자 그룹이 현대생활과 종교의 관계에 대한 연설에 대해 보이는 반응은 항상 흥미롭다. 문명을 위협에서 구해내기 위해 열정적으로 기꺼이 "그것에 대해 무엇인가를 하려는" 사람들은 항상 있다. 내 생각에 교회는 현대생활의 결함에 대해 눈멀지 않은 사람들과 허무감으로 인해 무기력해지지 않은 사람들의 숫자에 있어서 대학교와 곧잘 비교될 수 있다. 대학은 눈이 뜨인 많은 사람들이 있으나, 그들은 해결책을 찾는데 있어서 설교자들보다 훨씬 더 쉽게 절망한다. 목사들은 저 구원의 은혜, "믿음의 어리석음"의 일부를 아직 잃지 않았다.

물론 당신이 장광설을 늘어놓는 동안 퉁명스럽게 앉아있는 무리들이 항상 있다. 나는 오늘 내가 말하고 있는 것에 분명 동의하지 않는 풍채 좋고 유명한 사제priest에게 시선을 집중했다. 물론 나는 그가 나에게 동의하지 않는다고 해서 그를 판단할 권리는 없다. 그러나 내게 있어서 그는 이집트의 고기 가마 곁에서 오랫동안 먹어 와서 그가 그의 편안함을 방해하는 어떤 것들도 적대시하는 그런 부류의 자기만족적인 군목들의 하나처럼 보였다. 그런 사람은 주인의 사치스런 생활을 몰락시키지 않는 한도 내에서 온갖 치장을 할 수 있었던 거세당한 늙은 내시를 떠올리게 한다.

내가 예수의 신성을 믿는지 아닌지 알고 싶어 했던 그 나이 든 신사 역시 거기에 있었다. 그는 모든 마을에 있다. 그는 친절한 사람처럼 보였지만, 내가 어떻게 대속에 대해 단 한마디의 언급도 없이 기독교 교회에 관해 한 시간 동안 얘기할 수 있었는지 알고 싶어했다. 그는 오직 예수의 피만이 미국을 그 위험에서 구할 것이라고 말했다. 그는 꽤 감동적인 말을 했다. 처음에 나는 그에게 대답하려 했으나 역시 쓸데없어 보였다. 마침내 나는 그에게 나도 역시 보혈의 대속을 믿는다고 말했으나, 내가 그것이 요구하는 어떠한 희생의 피도 흘리지 않았기 때문에 그 생각을 더 자세히 설명할 만한 자격이 없다고 느꼈다.

1925

현대산업과 교회의 도덕성

오늘 우리는 큰 자동차 공장들 중의 하나에 갔다. 내가 비록 오랫동안 그것들과 가까이에 살고 있음에도 불구하고 이런 공장들이 내게 낯선 세상같이 느껴지는 것을 보면 삶은 아주 인위적이다. 주물공장이 특히 내게 흥미로웠다. 그 열기가 끔찍할 지경이었다. 사람들은 지쳐 보였다. 여기서의 육체노동은 고되고 수고는 혹심하다. 사람들은 그들의 일에서 어떠한 만족도 찾을 수 없다. 그들은 단지 살기 위해서 일한다. 그들의 땀과 무뎌진 고통은, 우리 모두가 운전하는 세련된 자동차들에 지불된 비용의 일부이다. 그리고 우리들 대부분은 그들에게 얼마만큼의 비용이 지출되고 있는지 알지 못한 채로 그 자동차들을 운전한다.

이 사람들을 보고 있을 때, 마크햄의 〈괭이를 지닌 남자〉의 구절들이 떠올랐다. 괭이를 지닌 남자는 이 사람들에 비교하면 행복한 피조물이다.

그의 얼굴 안에 있는 시대의 공허함
누가 그를 환희와 절망에 대해 죽게 했는가,

애도하지 않는 그리고 결코 희망하지 않는 어떤 것,
　둔감하고 정신을 잃은, 황소의 형제?

　우리 모두가 책임이 있다. 우리 모두가 그 공장이 생산해 내는 그것들을 원하지만, 우리 중 아무도 현대 공장의 효율성이 인간의 가치에 얼마만큼을 지불하는지 관심을 갖고 돌보기에 충분할 정도의 민감함은 없다. 현대 산업생활의 잔혹한 사실들과 비교하여, 우리 설교가 내뱉는 모든 것이 얼마나 쓸모없는가? 사회의 보다 많은 보호지역에서 교회는 의심할 바 없이 은혜를 배양하고 영적인 쾌적함을 보존하고 있다. 그러나 그것은 머리카락 한 가닥 굵기만큼도 현대의 산업화된 문명의 본질적 실체들을 변화시키지 못하고 있다.

　교회의 도덕성은 시대착오적이다. 그것이 과연 현대사회의 진정한 문제들을 직면하기에 충분한 도덕적 통찰력과 용기를 개발할 것인가? 만약 그러하다면, 교회는 수세대에 걸친 노력과 많은 순교자들을 요구할 것이다. 우리 목사들은 거대하고 포괄적인 무지를 통해서만 우리의 긍지와 자기존중과 자부심을 유지한다. 우리가 살고 있는 세상에 대해 조금만 더 알았다면, 우리는 부끄러움 속에 죽어버리거나 쓸모없다는 감정에 사로잡혀버렸을 것이다.

1925

새 교구 조직

새 교구 조직이 훌륭하게 작동하는 것처럼 보인다. 회중들은 남녀 한쌍이 각 교구 리더가 된, 9개의 교구로 나눠져 있다. 각 교구는 일 년에 두 번 통나무집 미팅을 하고, 리더들과 보조자들은 다양한 가정들을 방문하는데, 특별히 새 등록 가정들과 환자들을 방문한다. 어떤 훌륭한 새 리더들은 항상 이런 계획을 발전시켜 왔다. 내가 오랫동안 그 도시에서 떠나 있어야만 했던 이래로, 그 계획은 훨씬 더 가치 있게 됐다.

지난 주일에 우리는 학습반에서, 교회가 그 자체의 유익을 위해서 친교를 행해야만 하는지 아니면 친교가 확신convictions을 일치시키는 부득이한 부산물이 되어야만 하는지에 대해 토의했다. 내 추측에 적대적 환경 안에 있는 작은 교회는 친교에 대해 걱정할 필요가 없을 것 같다. 만약 사람들이 어깨와 어깨를 견주어 싸운다면 그들은 형제들이 될 것이다. 그러나 심지어 가장 영웅적인 교회라 해도, 네가 그러한 종류의 친교에 진정으로 의존할 수 있을 만큼, 그것이 거하는 사회와 명백한 갈등상태에 있지 않다. 지역 회중은 결국 영웅적 이상주의가 만약 있다 해도, 그것의 원칙들과 세상의 도덕적 평범성 사이에서 끊임없는 긴장상태에 있기 보다는 오히려 간헐적 모험 속에서 표현되는 사회적 유기체이다.

반면에, 단지 그들 자신을 위해서라도 이웃에 대한 은혜를 고취시키는 것은 가치 있는 것처럼 보인다. 이것은 특히, 그곳에서의 삶은 아주 비인간적이지만 교회가 그것을 어느 정도는 개인화 시켜주는 좋은 기회를 갖고 있는 대도시에서는 진실이다. 나를 놀라게 하는 것은, 사람들이 상호부조에 참여하도록 요청 받기만 한다면 그 자신들이 다양한 형태의 상호부조에 참여하려 하는 자발성이다.

대부분의 사람들은 선한 의지가 부족한 것보다는 상상력이 훨씬 더 부족하다. 만약 누군가가 어떤 것을 할 수 있고 어떤 것을 해야만 하는지 지적할 수 있다면, 대부분의 경우 그것을 하려는 누군가가 있다.

1925

서부 여행에 대하여

여기 태평양 쪽 해안, 특히 로스앤젤레스에 있으면 사람들은 종교에 대한 환경의 영향에 강한 인상을 받을 수밖에 없다. 로스앤젤레스에서는 모든 종류의 종파들이 번창하는 것 같이 보이며, 그들 대부분은 범신론적이다. 무의미한 삶에 의미를 주고 공허한 존재들에게 흥분을 나눠주기 위한 헛된 노력 속에서, 사람들은 모든 빈약한 동양 종교의 묘약을 빌려온다. 의심할 바 없이 범신론은 부분적으로 캘리포니아 남부 기후의 상쾌한 자연 때문이다. 자연이 남달리 온화한 곳 어디에서나 사람들은 하나님을 자연세계와 동일시하는 경향이 있고, 그 과정에서 모든 도덕적 활기를 잃는 경향이 있다.

그러나 그것은 거의 전체적인 설명이 되지 못한다. 너무 많은 은퇴자들이 로스앤젤레스에 있다. 그들은 이런 유쾌한 해안가에 정착하기 위해 그들 각각이 어느 정도 사회적 중요성을 가졌던 공동체들을 떠났다. 빈약하고 단조로운 존재 속에서, 그들은 지나치게 엄격한 어떤 윤리적 요구로 인해 그들의 편안함을 방해하지 않을 어떤 종교적 믿음을 확보함으로써 자기존중을 유지하려고 노력한다. 물론 아이미 셈플 맥퍼슨은 범신론적 종파보다 더 성공적이다. 그녀는 악마와 싸우고 사람들에게 훌륭한 볼거리를 제공한다. 그녀는 악의 뿌리를 건드리지는 않은 채, 이 파라다이스에서 번영하는 악에 맞서 싸운다. 더군다나 그녀는 그것의 본질적 본성을 변화시키지 않은 채, 종교적 상상의 이글대는 빛을 육욕sensuality을 향해 비추는 기술을 갖고 있다. 그러한 기술에서 그녀는 이 전체 문명에 대해 독특하다기보다는 전형적인 것처럼 보인다. 만약 그녀가 독특하다면 그것은 단지 그녀가 성공했다는 데에 있다.

그들은 항상 나에게 디트로이트가 우리 도시들 중에 가장 전형적으로 미국적이라고 말한다. 로스앤젤레스가 원하는 것을 얻은 미국의 전형인 반면, 아마도 디트로이트는 그것이 원하는 것을 얻기 위해 열광적으로 일하는 미국의 전형일 것이다. 전체적으로 나는 전자를 후자보다 더 선호한다. 심지어 부적절한 목적에 대해서라도 정직한 열정은 심지어 불완전한 야망의 매력이 그곳으로부터 떠나 있는 공허한 존재보다 낫다. 물론 물질주의의 권력은 물질주의의 쾌락보다 위험하지만, 단지 관찰자의 관점에서 볼 때 그것이 더 흥미롭다. 누가 나폴레옹을 그의 야망에 의해 창출된 번영 속에서 단지 사치스럽게 지내기만 한 그의 저능한 형제들보다 선호하지 않겠는가?

어린아이의 그것처럼, 오직 완전한 천진난만의 경우에서만, 삶은 행동할 때보다 휴식할 때가 더 아름답다. 성격은 긴장들의 균형에 의해서 창조되고, 심지어 균형이 불완전할 때에라도 완전한 이완상태보다 더 사랑스럽다.

물론 로스앤젤레스는 우리 중서부 도시들보다 더 많은 문화가 있다. 문화는 여가 속에서 번영하고, 때때로 그것을 보상한다. 그러나 이러한 종류의 여가가 아마추어 예술 이상의 것을 생산해 내기 전까지는 오랜 세월이 걸릴 것이다.

1925

성 금요일 성찬 예배

우리는 오늘 밤(성 금요일) 성찬 예배를 드렸고, 나는 "우리는 유대인들에게는 걸림돌이요, 이방인들에게는 미련한 것이지만, 부르심을 받은 자들에게는 하나님의 능력과 하나님의 지혜가 되는 그리스도를 전파한다"라는 본문에 관해 설교를 했다. 나는 설교할 때 느꼈던 것보다 더 큰 기쁨을 진정 느껴본 적이 없다고 생각한다. 어떻게 경험과 삶이 우리 관점들을 변화시키는가! 내가 십자가에 대해 무엇을 이야기할지 몰랐던 때가 바로 몇 해 전에 불과하다. 적어도 나는 십자가를 우리의 이상들 ideals을 위해 비싼 가격을 지불해야 할 필요가 있음을 증명한 역사적 사실 이상으로서 인식하지 않았다. 이제 나는 그것을 궁극적 실체의 상징으로 이해한다.

자유주의가 인생의 비극에 대한 진가를 거의 인정하지 못해서 십자가를 이해할 수 없고, 정통주의가 그리스도의 희생의 완전한 유일성에 대해 너무 과도하게 주장해서 십자가에 대한 설교를 효과적으로 할 수 없는 것이 내게는 애처롭게 보인다. 어떤 것이 완전히 유일하다고 해서, 어떻게 그것이 유일하게 효력이 있을 수 있는가? 그것은 그리스도의 십자가가 실체의 바로 그 핵심 안에 있는 어떤 것, 역사 안에서 핵심적 위치를 차지하는 보편적 경험 속에 있는 어떤 것을 상징하기 때문이다. 삶은 비극이며, 도덕적 아름다움의 가장 완벽한 유형도 불가피하게 그 속에 적어도 하나의 비극은 내포하고 있다. 그것은 설명하기가 그리 쉽지 않다. 그러나 사랑은 그것의 목표를 위해 그렇게 비싼 가격을 지불하고 그것의 목표를 너무나 높게 잡아서 그것들이 결코 획득될 수 없게 한다. 따라서 그것에 비극의 음조를 주는 사랑의 요구에는 어리석음과 쓸모없는 면이 항상 있다.

이 비극을 구속적이 되게 만드는 것은 사랑의 어리석음이 결국에는 지혜로 드러나게 되고, 그것의 덧없음이 새로운 도덕적 쟁취를 위한 기회가 되는 것이다. 영웅들과 성인들, 그리고 구세주들에 대해서, "그들은 우리가 없었다면 완벽하게 되지 못했을 것"이라는 것은 항상 사실로 남아 있다.

1925

목회자의 좌절감

주일 저녁에 내게 그렇게 자주 닥쳐오고, 다른 많은 목사들도 그렇게 고백한 강한 좌절감이 단지 육체적 피로 때문인지, 아니면 모든 설교자들이 그가 감당할 수 있는 것보다 더 큰일들을 하려 노력하고 그리고 실패한다는 사실로부터 기인한 것인지 궁금하다. 나는 그것이 아마도 영혼이 그 자체를 단언하는 본성적 정직함 일 수 있다는 불편한 감정을 갖고 있다. 우리 목사들 모두가 경험상으로 증명될 수 있고 정당화될 수 있는 것에 대해서만 너무 많이 이야기하는 것은 아닌가?

1925

예언자적 설교

○○○씨는 오늘 점심만찬에서 연설을 했다. 현재의 산업화 시스템의 부정의와 부도덕성을 묘사할 때, 그는 모두가 괴로워하며 고민하게 만들었다. 그의 힘 있는 연설의 거대한 효과는, 그의 신랄한 말투와 그들의 태도를 변화시켜야 한다는 그의 말에 대해 청중들이 충분히 신경 쓰지 않으리라는 잘못된 가정에 의해 부분적으로 상쇄되었다. 다른 사람들이 너무나 눈이 어둡고 냉담해서 알아챌 수 없는 것을 볼 수 있는 눈과 느낄 수 있는 마음을 갖고 있을 때, 우리가 신랄하게 되는 것을 피하기란 어렵다고 나는 추측한다. 예언자 담화 속의 찌르는 듯한 음조는 불가피할 뿐만 아니라 교육적으로 효과가 있다.

아마도 현대 문명의 진정한 이슈들에 대해 그렇게 망각하는 사람들을 각성시키기 위한 다른 방법은 없을지도 모른다. 그러나 나는 이러한 접근방식의 교육적 효과들에 대해 의심하지 않을 수 없다. 나 자신이 그것을 사용하는 동안에도, 때때로 나는 나에 대해 그렇게 사용하는 것을 좋아하지 않는다. 그것은 내 영혼을 얼어붙게 한다. 그리고 내 마음을 괴롭게 하고 나로 하여금 연설자가 나를 감동시키기 원하는 그 일반적 진리를 보기 어렵게 하는 이런 방법에는 대부분 약간의 부정적인, 약간의 지지할 수 없을 만한 일반화가 있다.

만약 이런 신랄함과 많은 설교자들의 온화함 사이에서 선택을 해야 한다면, 나는 당연히 전자를 선택하려 할 것이다. 너무나 무지하거나 너무나 이기적이어서 세상의 짐들을 지지 못하는 사람들의 유치한 감상주의보다는 전사의 엄격함이 낫다. 그들이 참여하고 있는 미사는 비극을 드라마화한 것이라는 것을 알지 못하는 귀여운 어린 제단소년들*처럼 모든 세상을 바라고 대행하는 너무나 많은 사람들이 설교단에 있다.

그러나 특별히 그가 만약 "혈육에 대하여가 아니라 하늘에 있는 악한 영들에 대하여" 싸우고 있는 전사라면, 어째서 전사가 그의 신랄함은 극복해야 하면서 그의 효율성은 유지해서는 안 되는지에 대한 이유는 없는 것처럼 보인다. 내가 보기에 신랄한 영혼을 위한 확실한 치료법 하나는 비평가 자신이 그가 혹평하는 죄들에 말려들어가 보는 것처럼 보인다. 사람은 제국주의적이면서, 심지어 그의 본성상 기생적parasitic이기도 하다. 그는 다른 사람의 삶을 희생함으로써 그의 삶을 살아간다. 외적 강제와 내적 제한에 의해, 그의 커져가는 욕망들은 사회생활을 가능하게 하기에 충분하게 훈련된다.

---

* 역주. altar boy는 미사 때 사제를 도와 시종하는 소년으로서 복사(服事)라는 단어가 있으나, 문맥 내의 어감을 살리기 위해 풀어서 번역함.

그러나 심지어 가정에서일지라도, 삶에 있어서 이러한 본성적 제국주의를 드러내지 않는 사회생활은 없다. 목사, 교수, 의사 같은 모든 전문직 사람들을 보라! 심지어 그들이 상업화된 세상—그곳에서 삶이 보다 솔직히 이기적이고 보다 분명히 잔혹한—에 대한 우월성을 선포하는 바로 그 순간에도, 그들은 약간의 유리한 입장에 서려고 획책하고, 상대방의 성공에 대해 어느 정도 질투 섞인 평가절하를 하거나 혹은 어느 정도 유치한 자기중심적 주장을 함으로써, 공통된 인간의 연약함을 드러낸다.

비관론자는 이러한 사실로부터, 진보는 우리가 사회를 재조직함으로써만 이룰 수 있고, 인간 본성의 개혁에 의해서는 결코 불가능하다는 결론을 내리려고 할 수 있다. 그러나 내게 그러한 결론은 사실들에 기반하지 않은 것처럼 보인다. 우리는 진정 사회적 과정과 체제들의 지속적 재조직을 필요로 하며, 이로써 사회가 악화되지 않고 사람들의 본성적 제국주의적 충동들을 감소시키게 될 것이다. 현대 문명의 탐욕은 부분적으로는 보편적인 인간의 경향성의 표현이고, 부분적으로는 우리 식의 생산과정을 지닌 문명이 특이하게 지닌 악이다.

그러나 반면에 우리는 인간의 가능성을 그 그림 바깥에 남겨둘 수 있는 여력이 없다. 내게는 왜 우리가 사람들이 그들의 본성과 팽창적 경향성의 결과 둘 다를 의식하게 함으로써 탐욕스러운 인간을 치료할 수 없는지에 아무런 이유가 없어 보인다. 우리가 그것을 하는 동안, 오직 우리는 우리 자신의 삶이 우리가 경멸하는 죄의 어떤 정제된 형태를 드러내고 있다는 것을 깨달아야만 한다. 그것이 인내와 겸손의 영으로 세상을 갱생하는 직무를 수행할 수 있게 할 것이다.

현대의 설교단은—그것이 진정으로 회개를 설교하는 것이 아니기 때문에—이런 문제를 직면하지 않는다. 인간의 본성에 대한 그것의 평가는 너무나 로맨틱해서 존경 받을 만한 계급들의 삶들 중에 주로 가장 감춰진 곳에서 가장 현실적인 삶의 잔혹함을 사람들이 진정으로 감상할 수 없게 한다. 그러나 예언자가 태어날 때마다, 교회의 안이나 밖에서 그는 신랄함 없이 회개를 설교하고 영적 자긍심 없이 비판해야만 하는 문제에 꼭 직면한다.

그것이 진정한 문제이다. ○○○씨는 순회 설교자이기 때문에 어느 정도 효과적이다. 우리는 오랜 세월동안 그 사람이 말하는 것을 한 번만 들으면 된다. 그러나 여러분의 자기중심성을 비판함으로써 그의 자기중심성을 계속해서 강력히 주장하는 어떤 성직자 아래에서 당신이 매 주일마다 앉아 있는 것을 생각해보라. 내가 평신도라면 반항하려할 것이다. 너무나 많은 환영illusion을 가진 영적 지도자는 쓸모가 없다. 인류에 대한 그의 환영illusion을 잃어버리고 자기 자신에 대한 환영을 유지하는 사람은 견딜 수 없다. 그 자아가 포함될 때까지 각성의 과정이 지속되게 하자. 물론, 그 지점에서, 종교만이 절망이라는 무감각으로부터 구해낼 수 있다. 그러나 진정한 종교가 태어나는 것은 바로 그 지점이다.

1926

모범적 설교

흔히 하듯 꾸짖는 설교 속으로 퇴보할 위험에 있는 설교자들은 H의 설교 스타일로부터 많은 것을 배울 수 있을 것이다. 이제 나는 그의 발언을 풍성하게 만든 많은 학문성에 대해 생각하고 있지 않고, 의무라기보다 오히려 열망으로 종교적 감정을 하나되게 만드는 그의 기교에 대해 생각하고 있다. 만일 그가 디트로이트를 그것의 죄에 대해 고발하기 원한다면, 그는 '신의 도성'에 관한 설교를 할 것이고, 이러한 일확천금의 대도시의 모든 한계들을 암시를 사용해서 드러나게 할 것이다. 만약 그가 그 교회들의 교파주의를 깎아내리기 원한다면, 이상적이고 포용적인 교회를 묘사할 기회를 주는 어떤 주제에 관해 말할 것이다.

일반적으로 사람들은 의무감으로부터는 위대한 도덕적 탁월성을 얻지 못한다. 너는 의무를 강조함으로써 그들이 특정한 최소한의 규범들을 지키도록 강제할 수는 있을 것이지만, 가장 고귀한 도덕적이고 영적인 업적은 밀어서 되는 것이 아니라 끌어당기는 데서 성취된다. 사람들은 의righteousness에 매혹되어야 한다. 비판과 명령의 언어라기보다는 열망의 언어가 적절한 강대상의 언어이다. 물론 그것은 한계점들을 지니고 있다. 모든 신도들 속에는 '신의 도성'에 대하여 감정적 흥분상태로 빠져들어 갈 수 있지만 그들이 어떻게 그들의 도시를 지옥 같은 곳으로 만드는 데 일조하는지 알지 못하는 약간의 사악한 죄인들이 있다.

단지 암시에 의해서만 죄를 고발하는 것은 좋은 것이 아니다. 때때로 책망하는 냉정한 단어를 말해야만 한다. 부드러움의 화신인 사람이 "화 있을진저 너희 위선자들, 서기관들과 바리새인들이여"라고 말했다. 열망의 언어는 항상 부드러워질 위험이 있다. 그러나 그러한 함정을 피하면서도 값싼 꾸짖음의 습관 속으로 빠져들어 가지 않을 수가 있다. 나는 H가 하는 방식을 좋아한다.

1926

냉소주의 벗어나기

냉소주의자들은 때때로 당신이 그들을 아주 잘 알지는 못할 때만이 사람들을 사랑할 수 있다고 비꼬아 말한다. 그리고 결점과 특이한 면들을 가진 사람들을 너무 친밀하게 만나는 것은 그가 사람을 싫어하는 사람이 되는 유혹에 빠지게 할 것이라고 비꼬아 말한다. 나는 그렇게 생각하지 않는다. 나는 개인들을 알아감으로써, 그리고 그들을 친밀하게 알아감으로써, 나 자신을 냉소주의로부터 구해 내고 있다. 내가 어느 정도 거리를 두고 높은 기준의 관점으로 인간을 본다면, 나 자신을 염세주의로부터 구해낼 수 없을 것이다. 내 생각으로 그 이유는 단지 사람들이 보다 더 확장된 관계 속에서는 보다 더 친밀한 만남 속에서 보다 관대하지 않기 때문이다.

어디에서든지 산업체 기업을 쳐다보라 그러면 너는 약자들의 운명에 대한 강자들의 범죄와 같은 무관심을 발견한다. 권력에 대한 욕망과 이윤에 대한 탐욕은 사업에 있어서 지배적인 특징이다. 산업체의 거두는 그가 엄청난 압력에 의해서 그렇게 하도록 강요받을 때까지는 그의 권력을 노동자들과 나누려하지 않을 것이다. 중산층들은, 약간의 소수 지식층은 예외로 하고, 이러한 압력을 행사할 때 노동자를 돕지 않는다. 그는 홀로 싸워야만 한다.

중산층은 사실 어떤 높은 수준의 사회적 상상을 거의 할 수가 없다. 그들의 경험은 너무나 한정되어서, 그들에게는 현대의 산업화된 삶의 실제적 이슈들에 대한 명확한 그림을 제공할 수 없다. 서부 버지니아에서는 노조 없는 탄광들을 조직해서, 위대한 중산층의 나라의 양심에 대한 도전 없이, 광부들의 임금을 굶어죽을 정도까지 줄일 것이다. 만약 파업 참여자들의 아이들이 굶고 있다면, 그들을 위한 도움을 찾는 것은 교회의 선교를 위한 기부자를 찾는 것보다 어렵다. 미국은 탐욕에 의해서 세상의 적개심을 불러일으킬 수 있고, 미국의 대초원에 사는 모든 선한 사람들은 우리의 탐욕에 대한 이러한 유럽과 아시아의 반응으로부터 상처받은 순진함만을 느낄 것이다.

사람들은 분명히 대중 속에 있을 때 그렇게 사랑스러운 것은 아니다. 사람은 그들을 가까이에서 봄으로써만이 그들에 대한 신뢰를 유지할 수 있다. 그때 사람은 이타적 부모성의 도덕적 고귀함 즉 그들이 누렸던 것보다 삶의 더 많은 것을 그들의 자녀들에게 주고자 하는 아버지와 어머니의 감동적인 열성을 볼 수 있다. 잘못하는 남편들에 대한 아내들의 믿음; 그들의 나이 든 부모들에 대한 성숙한 자녀들의 감사 넘치는 존경, 계속해서 부정직에 빠지도록 유혹하는 세상에서 개인적 성실함을 유지하기 위한 용기 있는 영혼의 이러저러한 노력. 그리고 부주의한 세상에는 거의 영웅적으로 보이지 않는 마음의 고귀한 열망.

사회의 더 큰 도덕적 문제에 대해서는, 그렇게 장님처럼 보지 못하는 똑같은 중산층들이 결국 사회의 어떤 집단보다도 가장 건전한 가정생활을 한다.

1926

개신교의 무기력

머리카락 한 올의 두께만큼도 그의 부유한 회중들의 경제적 편견으로부터 벗어나지 않았기 때문에, 내가 오랜 세월동안 겁쟁이가 아닌지 의심했던 목사가 있다. 나는 그가 더 잘 알고 있었지만 단지 소리내어 말하는 것과 그의 자기만족적인 대중들의 극단적 보수주의를 약간의 기독교적 이상주의로 제한하려 시도하기를 두려워할 뿐이라고 생각했다. 그러나 내가 실수했다. 나는 방금 전에 그가 최근의 설교에 여성 흡연에 반대하는 격론을 포함시켰고, 거의 백 명 정도의 상류층 교구원들을 잃었다는 것을 들었다. 그는 분명히 그가 가진 깊은 확신에 관한 문제에서는 용기가 부족한 것이 아니다. 어떤 문제에 대하여 확신이 강할 때는, 아무도 용기가 부족하지 않다. 용기는 단지 다른 가치들과 이해관계들에 대한 가치들의 일련의 세트에 대한 엄격한 헌신이다.

국가의 사회경제적 생활을 정당화시키는 개신교의 현재의 무기력은 목회적 지도자들의 비겁함만큼 개인주의적 전통 때문만은 아니다. 솔직히 교회는 여성이 흡연하지 못하게 하는 것을 기독교적 기준들을 산업체 기업에 세우는 것보다 더 중요한 순간으로 여긴다. 목사가 상류층 여성이 흡연을 못하게 막는 것은, 단지 19세기 중산계급의 개인적 습관의 규약을 20세기 금권주의적 계급에 강요하려고 노력하는 것이다. 그 노력은 헛될 뿐 아니라 본질적 기독교와도 거의 관계가 없다.

몇몇의 진정한 가치들이 개인적 습관에 대한 그러한 질문들 속에서 위기에 처할 수 있다는 것을 부인하지 않으려 한다. 그러나 그것들은 영성이나 육욕의 특질을 결정하는 주된 동기들에 영향을 미치기는 하지만, 아주 미약하다. 교회는 일상적으로 존경할 만한 삶이 얼마나 비윤리적일 수 있는지 깨달은 것처럼 보이지 않는다.

청년그룹과 기독교적 삶

이들 젊은 사업가들의 일부는 우리 교회들의 설교단들에 은혜를 끼친 어떤 리더들을 호의적으로 비교하곤 한다. 그들의 가족관계는 거의 이상적으로 보인다. 그들은 정직하게 그들의 사업관계 속에서 기독교적 삶을 살려 노력하고 있다. 때로, 권력의 결핍은 그들이 기독교적 가치를 실험하는 데 있어서 자신들이 하고자 하는 만큼까지 멀리 갈 수 없다는 것을 의미한다. 그러나 그들은 자기만족적이지 않다. 그들은 기꺼이 배우려 하고, 판단하는 데 있어 공정하고 신중하다. 그들의 미덕은 보다 열심인 사람들의 그것보다 덜 자의적인 노력으로 얻어진다. 그들은 생각하고 계획하지만, 삶의 어려움과 부적절성에 대해 명상하기 위해 삶의 모험을 멈추지 않는다.

외향적인 사람들은 전반적으로 내향적인 사람들보다 더 행복하고 건강해 보인다. 그들이 너무 무분별하게 행동하지만 않는다면, 그들은 자신들의 목표를 꽤 정확하게 정의할 수 있을 것이고 그들은 틀림없이 우울한 지식인들이 하는 것보다 더욱 확고한 힘을 가지고 목표들을 추구할 수 있을 것이다.

그들이 서로 간의 관계 그리고 나와의 관계에 있어서 얼마나 신중하고 관대한지는 또한 놀랄만한 일이다. 그들은 나의 성급함을 당연시하고, 서로를 대할 때 거의 인색하지 않다. 여성들은 서로 아주 잘 어울리지는 않는다. 그들은 다른 사람과 인생의 게임을 하기에는 너무 경험이 부족하다. 그러나 나는 그 점까지 장황하게 말하지는 않을 것이다. 어쨌거나 나는 우리 교회의 짐들을 지고 있는 이 젊은이들의 그룹을 이 나라의 어떤 교수 집단과도 기꺼이 비교하려 할 것이다. 그들은 철학에 대해 아무것도 당신에게 가르칠 수 없지만, 그들은 삶에 대한 많은 것을 당신에게 진정으로 가르치고 인간의 본성에 대한 당신의 신뢰를 강화시킨다.

1926

유대인-기독교인 컨퍼런스에 다녀온 후에

타종교 집단의 사람들과 교제하는 것은 항상 공통의 감성과 확신에 대한 생각지도 못한 보고들treasuries을 발견하게 하는 고마운 경험을 낳는다. 깨어있는 유대인들과 기독교인들 사이의 더 많은 접촉은 수많은 기독교 설교에서 강조점을 변화시킬 듯하다. 이 컨퍼런스는 여러모로 득이 되었다. 그러나 한 가지 면에서 나는 내 유대인 친구들을 이해하는 데 완전히 실패했다. 그들 모두는, 지위가 높건 낮건, 지적이거나 그렇지 않은 사람이건, 십자가 처형의 이야기가 모든 혹은 대부분의 반유대주의의 진정한 뿌리라고 주장하며, 그들은 관대한 기독교인들이 복음의 기록에서부터 십자가 이야기를 삭제할 수 있거나 삭제하려 할 것이라는 약간의 헛된 희망을 지닌 듯이 보인다. 그들이 가장 예상하지 않는 것은 십자가의 증오가 유대인들이 아닌 로마인들에게 돌려지는 것이다.

역사적historic 죄를 역사 안에서만 살고, 따라서 뒤늦은 징벌적 편견들에 의해 희생당할 수 없는 민족에 돌리는 것은 약간의 이익이 있을 것이라고 이해할 수 있다. 그러나 그것이 역사일까? 그 기록은 꽤 평범하며, 로마 군인이라기보다는 유대인 장로들이 예수를 진정 십자가에 못 박은 사람들이었다는 사실은 증거에 의해서 뿐만 아니라 논리에 의해서도 지지를 받는다. 종교의 예언자들은 항상 비종교적인 사람들에 의해서가 아니라 종교적인 사람들에 의해서 순교 당했다. 로마인들은, 비종교인인 상태에서, 십자가 처형을 개시할 만큼 충분하게 열광적이지 않았다.

제4복음서의 어법이 무지한 사람들의 편견을 쉽게 부추길 수 있다는 것을 인정해야만 한다. 그러나 깨어있는 사람들은 십자가 처형을 로마인 탓으로 돌리기보다는, 그 기록으로부터 기인한 어떠한 반유대적 감정을 누그러뜨릴 좀 더 나은 방법을 찾을 것이다. 그들은 단지 그것을 인간 본성과 사회의 일반적인 한계 탓으로 돌리기만 하면 된다. 유대인들은 그들의 예언자들을 박해하고 순교시켜온 유일한 민족이 아니다. 모든 나라와 모든 민족의 역사는 십자가 처형을 영속적이고 보편적인 역사적historical 사실로 만든다.

그것이 바로 기독교인들이 십자가 처형을 멸망해버린 로마인들 탓으로 돌릴 수 없는 것처럼 십자가를 삭제하는 것을 용납할 수 없게 하는 이유이다. 예수가 했던 것처럼 사랑의 전략을 성육신화 하는 사람은 누구나 저항에 부딪히고 인간 사회의 열정을 불러일으킨다. 어떤 인간 사회에서도 존경할 만한 것들은 도덕적 타협에 기반을 두며 모든 공동체는 밑에서부터 사회

구조를 위험에 빠뜨리는 범죄자들을 대하듯 어떤 더 높은 도덕적 논리를 제시하는 예언자에 대하여 이러한 타협들을 방어할 만큼 불안해한다.

뿐만 아니라 십자가가 역사적historic 진리뿐만 아니라 우주를 상징하기 때문에, 그 십자가는 기독교에 있어 핵심이다. 사랑이 세상을 정복하지만 그것의 승리는 쉬운 것이 아니다. 모든 창조와 구속의 대가는 고통이다. 창조의 하나님을 이해하고 구속의 하나님을 이해하지 않는 가장 현대적인 종교가들은, 그들이 창조와 구속이 얼마나 밀접하게 연관되어 있는지 알지 못하기 때문에 후자를 이해하는 데 실패한다. 그것은 단순히 옛 것이 새 것을 극복하려는 노력 없이 새것에 양보하지 않을 때 창조는 고통스런 과정이라는 것을 그들이 이해하지 못한다는 것을 의미한다.

예수의 십자가는 진정으로 역사 안에서뿐만 아니라 우주적으로도 사랑의 전략과 목적 모두의 가장 적절한 상징이다. 우리는 우리의 유대인 형제들에게 그것이 영원한 진리들의 단 하나의 가능한 상징일 뿐만 아니라, 그것이 진정한 것, 따라서 희생될 수 없는 것이라는 점을 인정하게 할 수 있다.

덧붙여 말하면, 나는 유대 민족이 반유대주의의 종교적 기초들을 과대평가하는 경향이 있다고 믿는다. 종교적 편견이라기보다는 인종적 편견이 이러한 사회적 질병의 주된 원인이다.

모든 무지한 사람들은 그들의 유형에서 벗어난 사람들을 미워하거나 두려워한다. 종교적 일탈들은 문화적이고 육체적 차이들처럼 중요할 수 있지만, 그것들이 주된 것은 아니다. 유대인들이 우리의 종교를 받아들일 수 있음에도 그들 본래의 인종적인 모습을 유지한다면, 그들은 여전히 다양한 유형의 사회적 배척으로 인해 고통당할 것이다. 결국 모든 흑인들은 기독교인이지만, 그것이 그들을 많이 돕지는 못했다. 어떤 유대인들은 이러한 비교를 아주 싫어한다. 그들은 흑인들과 똑같은 반열에 놓이는 것을 좋아하지 않는다. 그러나 그것은 비현실적인 사회적 분석을 드러낸다. 다수의 집단은 소수 집단의 문화가 열등하건, 우월하건, 혹은 동등하건 간에 소수 집단들에 대해 편협하다.

1926

청년그룹에 대한 신뢰와 희망

젊은 청년그룹이 삶의 주요 문제들을 토론하는 것을 들은 후에는, 사람들은 미래에 대한 확신을 잃을 유혹에 거의 빠지지 않을 것이다. 물론 미래를 성찰적으로 그리고 새로운 상황에 대한 전통의 재조정에 관계된 이슈들을 진정으로 평가하며 접근하는 사람들의 숫자는 많지 않다. 그러한 그룹들은 많이 없고, 심지어 이들 중에서도 토론에 진정으로 참여하는 사람들의 숫자는 적다.

그럼에도 불구하고 그들의 건전함은 인상적이다. 내가 항상 그들에 대해 애처로운 느낌을 가질 수는 없다. 전통이 파괴되고 수용된 규범들이 도덕적 상대주의의 물결에 의해 침범 당하는 동안, 그들은 자신들의 행복에 적합한 새 규범들을 건설하기 위한 필사적인 책무를 그들의 손에 쥐고 있다. 너무 반항적이 되거나 너무 전통적이 되거나, 심지어 옛 규범이 분명한 미덕들을 포함하고 있을 때에도 그것에 대해 경멸적이 되거나, 혹은 새 규범들에 대한 혼란 속에서 길을 잃게 될까봐 두려워서 옛 규범에로 도망치려는 유혹이 항상 있다. 그러나 이러한 위험들을 피할 최선의 방법은, 옛 것이든 새 것이든, 어떤 입장에 대한 한계들을 분별할 방법을 아는 사려 깊은 그룹들의 철저한 검토를 받게 하는 것이다.

전체적으로 교회에서 우리 젊은이들의 토론은 내가 대학들에서 참가했던 것들보다 더 건전한 것처럼 보인다. 대부분의 이들 젊은 친구들은 책임감들에 대해 통감했고, 따라서 대학 그룹보다 병적으로 비판적이거나 회의적인 경향이 있지 않다. 그들의 경험으로부터 인용된 사례들은 그들의 토론에 생명력을 불어넣는 데 도움을 주며, 그들은 대학생을 위험에 빠뜨리고 자기가 모든 토론을 끝내도록 유혹하며, "이것 역시 헛되다"라는 성찰을 가지고 모든 발견을 경시하는, 저 극단적 세련됨에 의해 무기력하게 되지 않는다.

나는 회의주의에 의해 모든 가치들을 파괴하고 냉소주의에 의해 모든 정열을 약화시키는 그런 종류의 세련됨을 창출해 냄이 없이, 인습적 도덕성의 부적절함으로부터 위험한 편견을 극복하고 그 자체를 해방시키기에 충분히 지적인 문명을 우리가 어떻게 건설할 수 있을지 진정으로 궁금하다. 우리의 지성주의가 미숙한 형태이기 때문에 미국에서 그런 가능성은 특별히 위험한 것이다. 대초원을 정복했던 개척자들과 4년 만에 현대 문화 전체를 흡수하려고 노력하고 있는 이러한 젊은이들 사이에는, 아무런 세대차가 없거나, 있어봐야 한 세대가 있다. 그들이 반응하는 전통들은 유럽 사람들을 일깨웠던 것들보다 덜 적절하고, 경험과 문화에 의해 덜 수정되었다.

    그리고 그들을 새로운 지식의 세계로 인도하는 교사들은 종종 그들 자신이 너무 최근에 해방이 되어 극단적 우상철폐주의에 의해 그들의 문화, 전통 그리고 도덕적 유산을 모호하게 만들려 노력하고 있다. 이번 세기 전의 사상이나 업적 모든 것을 경멸함으로써 그가 배운 것으로 세상을 감동시킬 수 있다고 상상하는 서부 대학 출신의 이런 잘난 체하는 박사들 중의 한사람에게 인내심을 갖기란 힘든 일이다.

1926

목회자와 교육학

하이드Hyde로부터 온 편지는 C가 목사직을 잃었다는 슬픈 소식을 전해줬다. 나는 놀라지 않는다. 그는 용기 있지만 요령이 없다. 의심할 바 없이, 그는 자신을 주님의 순교자들 중의 한 사람으로 여길 것이다. 아마 그는 그러하리라. 아마도 원칙에 대한 충성심은 당신과 의견이 일치하지 않는 사람들의 관점에서 보면 요령 없는 것으로 보일 것이다. 그러나 나는 C에 동의하면서도, 여전히 그가 상식이 부족하다고 생각한다. 적어도 그는 교육학적으로 아주 서투르다.

당신은 개신교의 개인주의적 윤리에 관해 아주 어려서부터 사육을 당했고, 윤리적 개인주의가 반란을 일으키는 문명에 몰입하며, 두 주 내로 사람들 사이에 사회적 양심을 개발하기를 기대하는 회중들 속으로 뛰어 들어갈 수 없다. 또한 당신은 단지 그들이 당신이 보는 것을 보지 않기 때문에 모두 위선자들이라는 것을 암시할 권리도 없다.

물론 진리의 일부를 잃지 않고 사랑 안에서 진리를 말하는 것은 쉽지 않고, 따라서 사람은 사랑에 관해서 보다는 오히려 진리에 관해 강조하는 사람들에 대해 너무나 비판적이어서도 안 된다. 그러나 만일 어떤 사람이 적어도 교육학적이 되려고 기꺼이 노력하려 하지 않는다면, 그리고 만일 그에 더하여 그가 순교자 콤플렉스로 고통당한다면, 그는 목회 자리에 걸맞지 않다. 의심할 바 없이, 양심을 위해서 그렇게 고통당하기보다는 그들의 양심을 어기는 목사들이 더 많다. 그러나 그것이 그렇게 강한 양심을 가진 그들이 어째서 교육학적 기술을 숙달하려 노력하지 않아도 되는지에 대한 이유가 될 수는 없다. 아마도 만일 그들이 설교단에서 단지 덜 감정적이면서 도전적이 되고, 설교단에서뿐만 아니라 소그룹과 함께 일하는 중에서도 더 지식적이고 교육적이 되는 것만 배우려 한다면, 그들은 진정으로 그 사람들의 관점과 견해를 변화시키기 시작할 수 있을 것이다.

1926

종교와 사회 비판

오늘 밤, ○○○의 교인 클럽에서 말씀을 전했다. 나를 소개한 훌륭한 주교는 내가 말하기 전에 내 모든 견해를 부인할 정도로 조심스러웠다. 그러나 그는 그 형제들에게 내가 그들이 생각하게 만들 거라고 확신시켰다. 나는 청중의 기독교적 미덕과 일상적 견해들 외의 것에 기꺼이 귀 기울이려는 것으로써 강연자에게 깊은 인상을 끼치려 하는 이런 식의 소개들에 신물이 나고 있다. 의장은 "여기에 말도 안 되는 소리를 하는 경솔한 친구가 있다. 그러나 우리는 인내와 연민으로 가장 불가능한 견해들마저도 들을 수 있는 크리스천 신사들이다"라고 효과적으로 선언했다. 그것은 단지 메시지의 힘을 파괴시켜서 그들의 이익과 편견에 충돌을 일으킨 종교적 메시지에 의해 거침없이 충격을 받을 수 있는 그 민감한 영혼들을 보호하기 위한 장치에 불과하다.

논쟁적 이슈에 관한 정직한 메시지가 그의 조직에 어떤 영향을 끼칠 것인지에 대해 항상 두려워하는 종교지도자의 소심함에 대한 연민이 있긴 하다. 나는 종종 내가 믿음과 용기를 실제적으로 확인할 수 있는 히브리서 11장을 읽을 때, 믿음에서 흘러나오는 용기를 확신하는 것이 심리학적으로 옳은 것인지 아닌지 궁금하다. 용기는 보기 드문 인간의 업적이다. 만일 내게 설교자들이 다른 그룹들보다 더 비겁한 것처럼 보인다면, 그것은 아마도 내가 나 자신을 알기 때문일 것이다. 그러나 나는 내가 목회에서 많은 용기를 내지 못했음을 고백해야만 한다. 평범한 목사는 어떤 강인한 불굴의 정신이라기보다는 온화함과 신중함에 의해 특징 지워진다. 나 자신이 겁쟁이이며 일반적 견해에 대해 반대하는 것을 상당히 어려워한다는 것을 알기 때문에, 나는 내가 비판할 때 비열하게 되려하지 않는다. 그러나 종교는 항상 약간의 순교자들과 영웅들을 생산해왔다.

나는 가장 생명력 있는 형태로서의 종교는 사람들을 대중적 인정approval에 무관심하게 만든다고 생각한다. 사도 바울은 그가 하나님의 인정을 추구하기 때문에 사람으로부터 판단 받는 것은 사소한 일이라고 확증했다. 순전히 종교적 영혼 안에서 믿음은 그런 식으로 작용하는 것처럼 보인다. 이슈들은 영혼의 관점 아래서sub specie aeternitatis 취급되고, 동시대 사람들의 심판은 하찮은 것이 된다. 그러나 평범한 사람들은 널리 퍼진 습관과 견해들의 빛 가운데서 그의 규범을 형성한다. 모든 종교지도자들이 예언자적 열정과 신중한 용기로 가득 차 있으리라고 기대하기는 거의 힘들다. 많은 선한 사람들은 본성적으로 조심스럽다. 그러나 종교의 독특한 자원은 적어도 종교

공동체와 종교 리더에 대해 대담무쌍함의 손길을 주어야만 하는 것처럼 보인다.

1926

사회적 갈등과 미국 교회

디트로이트에서 열린 노동자 연맹 정기총회에 대한 흥분은 가라앉았지만, 그 행사의 반향들은 다양한 잡지들에 남아 있다. 많은 목사들은 노동자 리더들이 자신의 확신을 상당수 표현하고 그들이 거의 수년 동안을 말해왔던 것들의 상당수를 그들의 교회에서 말할 수 있도록 허락해주었기 때문에 그들의 '용기'에 대해 찬사를 들었다.

교회들이 너무도 확고하게 노동자들에 반대하는 줄을 서게 만들고, 마을의 오픈 숍 정책을 위해서 줄을 서게 만드는 것은 아주 안 좋아 보인다. 목사들은, 그 위기의 순간 이전에 그들의 사역에서 산업화 관계에 관한 기독교의 의미를 보다 분명히 나타내지 않은 것에 대해 정죄 받아야만 한다는 점을 제외하고는, 거의 비난 받을 수 없다. 과거에도 그랬던 것처럼, 그들의 설교단에서 이단적 목소리를 낼 위험을 감수할 수 있을 만큼 충분히 자유주의적인 교회들은 거의 없다. AFL*이 위험한 이단이라는 이러한 생각은 그 자체로 디트로이트의 마음을 알려주는 어느 정도 분명한 실마리이다. 나는 그 총회의 많은 모임

---

* 역주. 미국노동자총연맹(American Federation of Labor)

들에 참석했었고, 그 사람들은 마을의 은행가들 그룹만큼이나 똑같은 만큼의 대담함과 상상력을 지녔다는 점에서 내게 깊은 인상을 주었다.

이 나라의 목사들은 다양한 방법들에 의해 그들 자신을 디트로이트의 교회들로부터 격리시키고, 그들이 유사한 상황에 있었다면 보다 더 관대하게 행동했으리라는 암시를 주고 있다. 아마 그랬을 것이다. 갑자기 획득되고, 그것을 생산한 기계적 효율성을 자랑하는, 부富가 사회적 지성에 의해 그 정도 밖에 성숙되지 못한 도시는 거의 없다. 디트로이트는 자동차들을 생산하지만, 생산 라인에 배치된 기계적으로 움직이는 불쌍한 사람들이 어떤 인간적 문제들을 가지고 있다는 것을 아직까지도 인정하려 들지 않고 있다.

그러나 우리는 이 나라의 나머지 사람들과 정도에 있어서만 다르다. 미국의 교회들은 전체적으로 완전히 중산층의 이익들과 편견들에만 헌신하고 있다. 내 생각에 그들이 사회의 재조직을 위해 어떤 진정한 기여를 할 것이라고 기대하는 것은 대략 확실치 않은 낙관주의라고 생각한다. 여전히 나는 그들이 그 위대한 산업화 투쟁에서 어떤 적합한 항목들을 개발할 정도로 충분히 지성적이 되고 영웅적이 될 것이라는 희망을 갖고 있지만, 그러나 나는 더 이상 그들을 그 투쟁에서 진정으로 결정적인 요소들이라고 상상하지 않는다. 이러한 이유로 나는,

어떤 비판자들이 그러하듯이, 그들을 완전히 쓸모없다고 여길 수도 없다.

현대 산업화 사회의 윤리적 재건은 확실히 아주 중요한 문제이지만, 그것이 인류의 유일한 관심은 아니다. 개인들의 사적 생활 안에서 교회들이 개발하고 보존하기를 원하는 영적인 쾌적함들과 도덕적 예절들은 우리 자신들을 위해 중요한 어떤 것이다. 그러나 누군가가 그의 삶을 산업화 투쟁 속으로 빠뜨릴 재능과 운명에 의해 선택되었다면, 교회는 그의 최선의 매개물은 아닌 것이 거의 분명하다.

교회는 전쟁시의 적십자 서비스 같은 것이다. 교회는 삶이 지속적인 비인간성 속으로 퇴보하는 것을 막아주지만, 투쟁이라는 사실 그 자체를 물질적으로 변화시키지는 않는다. 적십자는 전쟁을 승리시키지도 폐지시키지도 않는다. 가진 자들과 가지지 못한 자들 사이의 투쟁은 결코 끝나지 않을 것이기 때문에, 어떤 면에서 사회는 항상 전쟁터일 것이다. 따라서 인간의 사랑이 전선 밖에서 보존된다는 것은 어떤 중요성을 지니고 있다. 그러나 이러한 직무에 관계한 사람들은 갈등의 잔혹성이 그 전선들 뒤의 가장 고통스러운 인간화의 노력들을 쉽게 부정할 수 있고, 이러한 노력들이 전쟁터의 위험들과 손해들을 회피하는 방법이 될 수 있다는 것을 깨달아야만 한다.

만약 종교가 산업화 문제의 해결책에 대해 무엇이라도 기여할 수 있다면, 평범한 교회 안에서 번창하는 것보다는 더욱 영웅적인 유형의 종교가 그 직무에 설정되어야 한다. 나는 그런 종류의 종교에 의해 움직이는 그 사람들이 자신들을 교회로부터 격리시킬 필요가 있다는 사실을 믿지 않지만, 그들은 그들이 지금 소유한 것보다 더 효과적인 연합체에 그 자신들을 다 함께 묶어두어야 한다.

1926

공허한 설교

오늘 아침 ○○대학에서 설교한 후, 나는 ○○에 내려 저녁 예배를 위해 그곳 장로교회에 들렀다. 예배는 성황리에 이뤄졌고 음악은 아주 좋았다. 그 교회 목사는 예수 그리스도에 대한 가장 완전한 찬사라고 묘사할 수 있을 정도의 설교를 했다. 나는 그러한 설교들이 어떤 의미라도 있는지 궁금하다. 그는 단지 형용사들만 쌓아두었다. 고대와 현대의 모든 영웅들은 주님의 우월한 미덕 앞에 경배하기 위해 만들어진 것으로 간단히 묘사되었다. 그러나 나는 그 모든 것을 완전히 냉담하게 생각했다. 예수의 우월성은 단지 교리적으로만 확증되었고, 결코 적절하게 분석되지 않았다. 그 설교에는 사람들에게 예수의 특별한 자질에 대한 실마리를 제공하거나, 그들 자신의 문제 해결을 위해 그의 삶의 자원들을 사용할 수 있도록 도우려 하는 것이 아무것도 없다.

   전체 담화를 통해서 기독교인들이 진정한 예수의 추종자들이라는 잘못된 가정이 흐르고 있었고, 그 갈릴리인의 타협하지 않는 이상주의와 현재의 도덕성 사이에 벌어진 넓은 틈을 묘사하려는 노력은 아무것도 없었다. 나는 그러한 유형의 얼마나 많은 설교들이 여전히 설파되고 있는지 궁금하다. 만약 그러한 설교가 전형적인 것이라면, 그것은 교회의 인습적인 유순함에 대해 많은 것을 설명하게 될 것이다.

이상적 특질을 찬미하는 것이 그것을 닮으려고 애쓰는 것보다 얼마나 더 쉬운 것인가.

1926

사회질서의 유지와 교회의 역할

목사들의 모임에서 우리가 통과시킨 그 결의안—경찰이 법 집행에 있어 보다 엄격하기를 촉구하는—은 교회의 역할에 대한 세련된 패배의 인정이다. 우리 도시들 모두는 범죄 문제를 가지고 있는데, 이는 경찰이 주의 깊게 지키고 있지 않기 때문이 아니라 도시 공동체에 있는 수많은 대중들이 그들의 아버지들을 인도했던 전통으로부터 해방되었고, 새롭거나 그와 동등하게 잠재력 있는 문화적, 도덕적 규제들을 형성할 능력이 없는, 규율 없고 무질서한 영혼들이기 때문이다. 청교도들의 자녀들은 이러한 면에서 이민자들의 자녀보다 더 나을 바가 없다. 둘 다 그들의 새로운 환경에 적합하지 않은 전통들에 반발해왔고, 둘 다 새롭고 더 나은 규범들을 형성함으로써 방종에서 벗어날 수 있는 능력이 없었다.

아마도 우리가 도시 공동체에서 그렇게 무질서한 삶들을 살아가는 진정한 이유는, 도시는 전혀 사회가 아니고, 도덕적 규범들은 사회들 안에서만 그리고 이웃들이 서로에게 느끼는 상호호혜적인 의무감을 통해서만 형성되기 때문이다. 대도시는 인간적 유대에 의해 다함께 유지되는 사회가 아니다. 그것은 생산과정에 의해 다함께 유지되는, 개인들의 군집이다. 그들은 비록 기계적으로는 서로에게 의존하고 있다 할지라도, 그 사람들은 영적으로는 고립되어 있다. 그러한 상황 속에서 각 개인이 그의 삶을 무정부주의로부터 구해내기 위해 필요한 도덕적 문화적 전통을 창조하고 보존하기는 어렵다.

우리 모두는 도덕적 무질서 안에 살지 않는다. 그러나 우리가 그것을 피하는 한에 있어서는, 그것은 다른 세대들과 다른 상황들로부터 나온 종교적, 도덕적 그리고 문화적 전통들에 대한 우리의 충성심 때문이다. 그것이 개신교, 가톨릭 그리고 유대교회들이, 그들의 윤리적 이상주의가 산업화 문명의 주요 사실들과 관련 없다 해도, 그럼에도 불구하고 필요불가결한 이유이다. 여전히 많은 개인들의 삶을 결정하는 그런 종류의 도덕적 제약들을 잃지 않고서도 우리 사회는 충분히 도덕적으로 무질서하게 될 수 있다.

경찰의 강제력에 의해 도덕적 문화적 전통들의 부패를 회복하려는 거의 모든 우리 대도시들의 노력들에는 아주 애처로운 어떤 것이 있다. 그러나 물론 우리는 그것이 강제력에 의해 이뤄져야만 할지라도 우리 자신을 무정부주의로부터 구해내야만 한다. 나는 다만 교회가 경찰 문제를 그대로 두는 것이 바람직하다고 생각할 뿐이다. 만약 폭력이 일시적으로 사용되어야만 한다면, 교회로부터의 과도한 격려 없이 국가가 그렇게 하도록 하자. 교회는 다른 분야에서 일해야만 하고, 만약 그 분야에서 실패한다면 교회가 경찰에 충고를 한다고 해서 그 실패들을 보상할 수는 없다. 순화된 경찰로서의 사제는 비참한 구경거리이다.

1926

삶과 물신숭배

오늘 우리는 세례준비반에서 첫 번째 계명에 대해 토론하고 있었다. 그 아이들은 "내 앞에 다른 신들을 두지 말라"는 것이 현대생활에서 어떤 것을 의미하는지 알아보기 위해 노력 중이었다. 이 소년들과 소녀들이 삶의 문제들을 얼마나 심오하게 다루는지 보는 것은 놀라움과 즐거움의 지속적인 원천이다. 그들은 우리가 하나님보다 더 사랑하는 어떤 것도 사실상 또 다른 신이라고 결정했다. 그러나 나는 우리가 어떻게 하나님을 사랑하는지 물었다. 일부 아이들이 어떻게 종교를 종교적 행위와 습관—특히 주일 성수라는—과 일치시키는지 보여주는 평범한 대답들이 있었다. 그러나 소년들 중의 하나는 이러한 대답을 하기에 이르렀다. "우리가 아는 최고의 것을 사랑하는 것만큼 우리는 하나님을 사랑합니다." 그 대답은 내게 꽤 괜찮게 보였다.

이제 우리는 우리에게 신이 될 위협을 가하는 모든 흥미로운 것들을 칠판에 적었다: 돈, 옷들(물론 한 소녀가 자발적으로 말한), 자동차들, 먹을 것, 노는 것. 우리는 이런 흥미로운 것들을 각각 하나씩 가져다가 그것들이 삶에 있어 너무나 중심적인 것이 되는 위험에 빠질 때를 판단하기 위해 노력했다. 소년들은 사람이 일요일마다 자동차들을 세차하면 안 된다고 생각한 것만 제외하고는 자동차들에 대하여 자각이 별로 없었다. 그들은 자동차에 대한 숭배를 다른 모든 사람들처럼 당연시한다. 소녀들은 어디에서 옷이 적절한 흥미 거리가 되기를 그치고 강박관념이 되는지 정의하는 데 오랜 시간을 보냈다. 아마도 나는 그런 토론에 있어 그녀들을 잘 인도하지 못하는 사람이었을 것이다.

먹을 것에 대한 문제에 관해서는 상당한 어려움이 있었다. "우리는 자라기 위해 먹어야만 합니다"라고 소년들 중의 하나가 말했다. 옳은 대답이다. 그러면 언제 먹을 것이 우상의 형태가 될까? "우리가 항상 먹기만 할 때"라고 다른 소년이 의견을 제시했다. 그것이 주니어를 궁지에 몰아넣었다. "나는 거의 항상 먹는 것을 좋아해요" 그가 비참하게 고백했다. 어떻게 배고픈 소년이 먹는 것을 중심적 가치로 두지 않는 철학에 대해 회의론자가 되지 않을 수 있을까? 이와 같이 건강한 유기체의 필요들은 전통에 의해 유발되거나 성찰에 의해 얻어진 가치 체계들을 문제 삼지 않는다.

주니어는 "나는 거의 항상 먹는 것을 좋아해요"라는 고백으로 상대적인 가치들에 관한 우리의 토론을 거의 중단시켰고, 나는 자연적인 삶의 이런 요구 앞에서의 내 학습법의 무기력함이, 물질적 가치에 빠져있고 물질적 만족에 몰두하고 있는 젊고 탐욕스러운 국가의 삶 앞에서의 교회의 무기력함과 아주 유사하다고 생각하지 않을 수 없었다. 우리의 젊은 국가 또한 선언하고 있다. "나는 거의 항상 먹는 것을 정말 좋아해요." 그리고 국가의 판단에 있어서의 실수는 시간과 경험이 국가에게 동물적 만족의 한계들을 보여주고 사람이 빵으로만 살 수는 없다는 것을 가르칠 때까지는 설교와 훈계에 의해서 쉽사리 극복되지 않는다.

1926

독단과 진리

나는 오늘 어떤 젊은 목사로부터 자신이 진리를 위해 어떻게 고난을 당하고 있는지에 관해 쓴 편지 한 장을 받았다. 그는 단지 그의 회중들에게 예수가 공자나 노자처럼 위대한 영적인 교사였고, 그리스도라는 사상은 그리스 전설과 고대 신화의 산물이었다고 말하고 있었다. 그는 그의 선한 사람들이 너무나 무지해서 그의 가르침에 대해 적절한 감사를 표명할 줄 모르고 그의 우상타파주의에 적개심을 드러냈다고 생각했다.

나는 나 자신이 이 젊은 친구의 초년생 같은 독단성에 대해 과격하게 반응하고 있음을 발견한다. 내 추측에 나는 나이가 들고 있고, 〈크리스천 레지스터Christian Register〉지의 편집자가 아주 신경질적으로 경고하는 미신이라는 악마와 그러한 타협들을 했다고 생각한다. 그러나 내 삶을 위해, 나는 내가 정통 그리스도론에서 받아들일 수 있는 것보다 더 예수를 단순한 갈릴리의 몽상가와 교사의 신분으로 축소시킬 수 없다. 내가 보기에는 상징주의와 신화 사이를 구분하지 못하는 그 사람은, 종교적 상징주의와 시의 모든 부분이 문자적이고 형이상학적으로 받아들여져야만 한다고 주장하는 멍청한 보수주의자보다 낫지 않아 보인다.

　하나님 사상을 정의하는 것은 쉬운 것이 아니다. 과학적으로 나는 하나님이 "실체에 필수적인 영적 요소"라고 생각하지만, 모든 실제적이고 종교적 목적을 위해 "하나님은 예수님 같은 분이다"라고 말함으로써 그를 정의하는 것이 도움이 되고 정당화될 수 있다고 본다. 실체의 궁극적 본성은 과학만으로는 붙잡을 수 없다. 시적 상상력이 과학적 엄밀성만큼이나 필요하다. 나의 젊은 친구가 그의 영웅적 검을 빼어들어 대항하는 중인 그 알려진바 대로의 무식한 농부들의 일부는, 어느 초보 젊은 신학생이 깨달을 수 있는 것보다 그들 편에서는 더 많은 진리를 가지고 있을 수 있다.

1926

산상수훈

오늘 아침 청소년부 수업에서 우리는 산상수훈 설교에 대한 우리의 토론을 이어갔다. 그 소년들은 약간의 흥미로운 기여들을 해왔다. 전체적으로 그들은 신뢰와 사랑과 용서에 대한 문제에서 예수가 행한 요구들의 실효성에 대해 회의적이었다. 심지어 청소년의 마음속에 있는 기본적 냉소주의가 이렇게 드러나는 것을 보는 것은 다소 흥미로운 것이었다. 그들은 오늘 어떤 아이가 표현한 대로, 예수를 따르는 것이 "사업가를 금세 사업에 실패하게 만들 것"이라고 생각한다. 물론, 삶이 그 이상ideal에 얼마나 고집스럽게 저항하는지 깨달음 없이 기독교 신앙에 대한 어떤 종류의 감상적인 공인을 하는 것보다는 그 어려움들을 이해하는 게 더 낫다.

결국 그 소년들은 성 안토니우스가 젊은 여성과 나이 든 여성에 대한 환상vision에 의해 유혹받았을 때 그가 보았던 문제에 직면하고 있다. 하나는 삶을 의미하지만 또한 육욕을 의미하며, 다른 하나는 믿음을 의미하지만 또한 죽음을 의미한다. 적어도 그것이 플라우버트가 주장한 방식이다. 삶을 파괴시키지 않고 육욕으로부터 삶을 분리시키는 것은 분명 쉬운 것이 아니다. 그러나 예수는 우리에게 보다 풍성한 삶을 주시기 위해 오셨다.

우리가 사람들을 신뢰하는 것의 실효성에 대해서 토론했을 때 "아마도 우리가 충분히 노력한다면 그렇게 될지도 모르겠다"라고 오늘 소년들 중의 하나가 생각했다. 그것이 아마도 전체 질문에 대한 정답일 것이다.

1926

교회에서의 지도자의 권력

오늘 밤 ○○○감독과 나는 강단을 공유했다. 다행스럽게도 내가 먼저 말했고, 나는 그의 뛰어난 달변과 경쟁할 필요가 없었다. 그의 설교는 가슴을 뜨겁게 했지만, 현대 기독교가 초대 기독교의 정확한 복제물이며, 똑같은 자질의 영웅주의와 신앙으로 특징 지워질 수 있다고 하는 무비판적 가정에 근거한 것이었다. 그 훌륭한 사람의 품행에는 생색내는 듯한 불안한 경향이 있었다. 감독이 진정한 기독교인이 되는 것은 아주 어려운 과업일 것이라고 생각할 수밖에 없다. 그 지위는 우리 모두가 소유한 교만에 대한 경향을 강화시킬 수밖에 없도록 되어있다. 내가 잘 알아온 소수의 사람들만 특별히 오만에서 자유롭다. 그러나 그들은 일반적이지 않은데, 왜냐하면 그들은 설교대에서는 잘 찾아볼 수 없는, 그리고 더군다나 감독제도에서는 확실히 거의 찾아볼 수 없는 유머 감각에 의해 구원받았기 때문이다.

"그러나 너희는 랍비라 칭함을 받지 말라", "그리고 땅에 있는 자를 아버지라 하지 말라, 너희의 아버지는 한 분이시니 곧 하늘에 계신 이시니라"라고 예수가 말했다. 나는 예수의 말들을 문자적으로 적용하는데 흥미가 없지만, 이런 말들 속에 관계된 원칙은 감독 제도를 말끔히 닦아버리려 할 것처럼 보인다. 그것은 "박사 목사님The Reverend Doctor"이란 말에 대해서도 정당성을 크게 부여하지 못할 것이다. 물론 기독교 공동체는 지도자들 없이 지속할 수 없다. 그러나 그것은 교만과 오만으로부터 그들을 구하는 법을 배워야 할 것이다.

지도자의 가장 높은 유형은 그 자체를 본래의 가치―허세와 권력을 드러냄이 없이sans panoply―에 의해 유지한다. 물론, 주변을 돌아보면 진정한 리더들은 결코 충분히 많지 않다. 왜 어떤 사람들에게 정복을 입히고 다른 인위적 방법을 통해 그들에게 그들 자신의 자원으로는 얻을 수 없었던 특권과 권력을 부여할 필요가 있게 되었는가. 그러나 만약 교회가 권력과 특권이 얼마나 위험한지, 그리고 그것들이 사람의 영적 성실성을 얼마나 쉽게 타락시킬 수 있는지 깨닫는다면 그나마 괜찮을 것이다.

권위를 제한하고 지도자의 권력을 사회화 하는데 있어 민주주의 정부가 하는 것보다 교회가 더 소극적이라는 것은 틀림없이 교회의 신용에 대한 것은 아니다. 감리교도들은 감독들 사이에서 4년마다 한 차례씩 의회수절Parliamentary impotence에 그들을 보냄으로써, 겸손이라는 적절한 영을 보존하기 위해 노력 중이다. 그러나 4년이라는 나머지 기간 동안 감독이 행사할 권력과 권위를 위해 그렇게 짧은 기간 동안을 누가 고통당하지 않으려 하겠는가?

어딘가에서 나는 벌거벗은 야만인이 사제직이나 세습적 군주제를 결코 발전시킬 수 없었다는 인류학자의 관측을 읽었다. 그 누구도 복잡한 사회가 마지막으로 진화시킨 권위직들에 걸맞을 만큼 그의 동료보다 우월하지는 않다. 그것이 바로 지도자들이 합당한 의복과 용품을 걸쳐야 하는 이유이다. 보좌와 왕관은 왕을 만든다. 심지어 미국의 대통령은 민주주의적 전통이 처방한 눈에 별로 띄지 않는 의복을 상쇄시키기 위해 인상적인 해군과 육군의 도움을 받는다. 모든 격식을 갖춘 예복을 입고 그의 '보좌'에 앉아있는 주교보다 누가 더 경외심을 불러 일으킬 수 있겠는가? 그것은 감리교 감독들에게는 적용되지 않는다. 그러나 그들은 그 갑주가 필요 없을 정도로 많은 권력을 가지고 있다.

만약 감독들이 숭배와 두려움의 대상이 된다면, 그들이 얼마나 비위에 거슬릴지 생각해보라. 유감스럽게도 가톨릭 주교들에 대하여는 그것이 사실이다. 아마도 그것이 가톨릭 성자들이 그 계층에서 그렇게 자주 눈에 띄지 않는 이유일 것이다.

1927

진리의 객관성에 대하여

유신론적 신앙을 지지하는 연설을 하면서 내가 여러 명의 현대 철학자들과 과학자들을 인용했던 것 때문에, 오늘 그 포럼(미드 웨스턴 대학)에서 한 무례한 젊은이가 나를 권위주의자라고 비난했다. 나는 그 앞에서 깊숙이 허리 숙여 인사했고, 그가 너무나 모든 과학 연구 실험에 능숙하고 철학적 성찰에 정통해서, 과학자나 철학자 그 누구의 도움도 없이 자신의 결론들에 도달할 수 있게 된 것을 축하해주었다.

그의 질문은 나에게 자유의 문제에 관해 생각하게 만들었다. 우리가 믿는 것을 우리가 왜 믿는가? 그리고 우리가 하는 것을 우리가 왜 하는가? 만약 내 가정의 종교가 혹독했고 사랑스럽지 않았다면, 오늘날 나는 그 젊은이처럼 모든 종교에 대해 반항하는 위치에 있었을 것이다. 나의 종교적 확신들이 변화를 겪을 때, 만일 내가 도움을 주는 이런 교수와 깨닫게 해주는 저런 책의 도움이 없었다면, 나는 필요한 변화를 겪지 못하고 종교적 확신들을 포기해버리고 말았을 것이다.

인간의 본성이 그 자체를 보다 사랑스러운 특징들 속에서 드러내게 해주는 위치에 내가 있지 않았더라면, 하나님에 대한 확신의 대부분이 기반을 둔 인간의 성실함에 대한 확신을 내가 유지할 수 있었을까? 계급 의식적인 노동자가 나의 정치적이고 종교적인 확신 모두를 부르주아의 편견이라고 물리쳐버릴 권리를 갖고 있지는 않을까? 그리고 내가 동등한 정의justice를 가지고, 사회에 대한 그의 적개심이 설명은 해도 사실이라고 증명하지는 못하는 그의 시각을 근시안적 관점이라고 정죄할 수 없지 않을까?

우리가 진리라고 아는 것은 특정하고 개인적인 관점들에 의해 결정된다. 환경의 압력, 유전적 영향력 그리고 교사들의 뛰어남과 결함이 우리 삶의 철학들을 결정하는 것을 돕는다. 따라서 우리는 적절한 겸손함과 회의주의의 도구를 가지고 그것들을 붙잡아야 한다. 그러나 만약 우리가 이러한 사실들에 의하여 완전한 주관주의와 회의주의의 유혹에 빠지도록 놔둔다면, 우리는 모든 철학 그리고 궁극적으로는 문명 그 자체를 종식시키게 된다. 왜냐하면 문명은, 그들의 가치가 그들의 흥미에 의해 결정되고 그들의 편견에 의해 오염된다는 것을 알만큼 충분히 지성적인 사람들에 의한, 가장 고귀한 가치들의 열정적인 추구에 의존하기 때문이다.

1927

비도덕적 자선가

아마도 주식 조작의 윤리적 문제들과 해악들을 다루는 데 실패한 것만큼 현대 교회의 윤리적 무기력함을 더 잘 묘사하는 것은 없을 것이다. 수백만 달러 가치의 부가 순전히 손으로 하는 요술에 의해 창출되었다. 교회는 현대적 기계의 생산성에서 기인한, 주식 배당금, 주식 물타기와 주식 가치의 과도한 상승을, 그 이익을 얻은 사람들이 교회 자선활동을 통해 약간의 환원만을 해준다면 아무런 불평 없이 받아들였다.

여기에 C가 그의 사업을 재구성하고 있고 육백만 불을 주식에 더 집어넣고 있다. 적어도 이 수백만 불 중에 오백만 불은 실질적 사업 확장에 투자되지 않고 소유주의 호주머니에 들어갈 것이다. 그것들은 단순히 기대 수익의 현금화를 나타낼 뿐이다. 일단 이렇게 추가적 부담이 산업에 전가되면, 이익의 더 많은 공유를 요구하는 노동자들의 모든 요구들은, 주식이 단지 약간의 배당금만 벌어들이고 있고 더 이상의 봉급 인상은 그 사업에 '자살행위'가 될 것이라는 확정적인 단언에 부딪치게 될 것이다. 반면에 C는 대단한 자선가가 되었다. 그는 여기서 55,000불을 내 놓았고 저기서 수십만 불을 내놓았다. 그 선한 사람이

'기독교인'이기 때문에, 종교 조직들은 그의 자선활동으로 인해 가장 많은 이익을 획득한다.

내가 궁금한 것은 그 신사가 자신을 속이고 진정으로 자신이 기독교인이라고 상상하는지, 혹은 그가 진정 마음을 단단히 먹고, 할렐루야를 부르며 그의 보좌 주위에 웅성대는 아랫사람들에 대해 비밀스런 경멸감을 품고 있는지 아닌지에 대한 것이다. 죽을 수밖에 없는 존재들인 우리가, 우리 자신의 부적절한 미덕들과 성화된 악함들에 의해 얼마나 많이 속아 넘어가는지, 그리고 그것에 대한 확신 없이 세상의 편리한 찬사를 얼마나 많이 받아들이는지 결코 확신할 수 없다. 진리에 대한 문제로서가 아니라 자선의 문제로서, 나도 사실에 대한 어떤 해석이 선호 되어야만 하는지 알지 못한다. 더욱 안 좋은 것은 네가 세상에 대해서는 부정직한 반면에 너 자신에게는 정직하게 되거나, 혹은 네가 네 자신을 속였기 때문에 세상에 대해서 부정직하게 되는 것 아닐까?

1927

면려회

○○ 대학으로부터 돌아오는 길에 ○○의 제일○○교회에 들렀다. 저녁예배 전, 젊은이들의 미팅에 갔을 때 나는 전형적인 면려회Endeavor 모임이 진행 중인 것을 발견했다. 약 90명의 건전한 청년들이 참석 중이었다. 훌륭한 면려회 모임의 모든 다양한 기교들이 사용되었다. 짧은 시들이 면려회 세계로부터 절췌되어 적절한 때에 암송되었고, 회원들 중 일부는 성경과 잘 알려진 작가들로부터 인용문을 가져왔다. 지도자는 훌륭했지만 진부한 말을 했다. 토론은 없었다. 이런 유형의 모임은, 여전히 지속된다면, 아주 참석자 수가 적어지리라는 인상이 들었다. 그러나 여기에 내 이론들을 잘못된 것으로 만든 사실들이 있다. 그 교회의 젊은이들은 상황이 더 열악하다. 아주 둔한 유형의 젊은이들만이 그러한 모임에 만족할 수 있을 것이고, 오직 아주 무비판적인 사람들만이 십여 가지의 가정들에 대한 저항이나 도전 없이, 그 모임을 가득채운 경건한 진부함을 받아들일 수 있을 것이다.

그런 모임이 젊은이들 사이에서 교회에 대한 충성심을 아무리 많이 길러주고, 전통적인 종교적 태도와 습관들을 보존한다

할지라도, 그것들은 젊은이들이 현대세계의 복잡함 속에서 기독교적인 삶을 살아가기에 적합하게 하거나 과학적 세계관의 혼돈 속에서 기독교 신앙을 유지하게 하는 것과 아무 관련이 없다. 이러한 모임이 특히 나를 걱정스럽게 하는 점은, 그것들이 삶의 문제들을 해결하기 위해서는 단지 도덕적 선의지만이 필요하다는 명제를 그들에게 강조한다는 것이다. 거의 대부분의 다른 모임이 정화consecration 모임이다. 아무도 그 젊은이들에게 윤리적 삶은 정직하고 탐구적인 지성이 필요하다는 생각을 알려주지 않는 것 같다. 그들의 신앙적 이상과 그들이 살아가는 현실들 사이의 거대한 틈을 발견할 수 있도록 해주는 어떤 일도 행해지지 않고 있다.

그 같은 상황 아래서 우리는 기독교적 삶에 있어서 신세대가 지닌 것과 같은 어떠한 새로운 생명력도 기대할 수 없다. 옛 미덕들과 존경할 만한 것들은 유지될 것이지만, 비기독교적인 삶의 영역들 역시 그것들처럼 여전히 남아 있을 것이다. 나는 우리의 자체 토론그룹의 젊은이들이 끊임없는 대화 속에서 자신들의 모든 이상주의를 충족시킬 수도 있는 위험성을 본다. 그러나 그 대화는 적어도 문제의 모든 면들을 탐구하고, 전통적 태도들의 한계들과 믿음 안에서 새로운 모험의 필요성을 드러내는 장점을 가지고 있다.

1927

비판적 지성과 종교적 영성

H와 생각들을 나눌 때마다, 보다 자주 그리고 나 자신에게 이익이 커지게 되는 것으로서, 종교를 정제하기 위한 노력 중에 그것을 파괴하고 있는 세력들에 내가 속해 있다는 불편한 느낌을 갖게 된다. 그는 나처럼 비판적이다—글쎄, 아마도 그렇게 아주 비판적인 것은 아닐 것이다. 그러나 종교적 형태들에 대한 그의 모든 평가들 속에서 그는 내가 부족한 것처럼 보이는 강한 종교적 생명력을 유지하고 있다. 그의 학문성은 당연히 나보다 훨씬 더 깊지만, 그것은 그로부터 슈바이처의 용어를 빌자면, 종교적 소박함을 빼앗아가진 않았다. 그는 사람들의 선함과, 내가 부족하지는 않지만 그렇게 확실하게는 갖고 있지 않은, 의righteousness의 궁극적 승리에 대한 확신을 유지하고 있다. 우리는 서로를 이해하는 반면, 진정으로 서로 다른 학파에 속해있다.

나는 세련됨sophistication이라는 영혼이 문화를 파괴한다는 스팽글러의 명제에 심오한 감명을 받아왔고, 내가 이런 세련됨이 작용 중인 타락의 세력들에 속해 있다는 의심을 하기 시작했다. 나는 이 시대의 종교적 삶과 제도들의 한계들에 내

눈길을 너무 많이 두고 있다. 나는 협소한 유형의 종교가 제기하는 불합리와 비이성을 항상 바라본다. 비판적 책무를 위해 내가 만약 지고한 영성이라는 도구보다 지성주의라는 도구를 사용하지 않았다면 그것이 그렇게 나쁘지는 않았을 것이다.

그럼에도 불구하고 나는 철저한 냉소주의자를 싫어한다. 나는 누군가 나보다 더 냉소적이 되는 것을 원하지 않는다. 내가 진정 냉소주의로부터 구원받았다면, 그것은 예수의 영과 특별함에 대한 어떤 면에서 개인적 충성심 때문이다. 그것과 육체적 건강, 내가 만약 육체적으로 활기가 없었다면 나는 결코 비관주의를 탈출하지 못했을 것이다. 바로 이러한 유형의 병적인 내적 자기성찰이 그 병의 증세들 중의 하나이다. 한 번에 그리고 동시에 세련되면서 소박하고, 비판적이면서 종교적이 되는 것은 그것이 필요한 만큼이나 어려운 것이고, 오직 소수의 사람들만이 그 균형을 이룰 수 있다는 관찰에 의한 것을 제외하고, 나는 아주 위험한 위치에 있는 내 자신을 정당화할 수 없다. H는 내가 종교의 신비적 가치들에 대한 적절한 인식이 부족하다고 말한다. 아마도 그것이 그 문제의 본질일 수도 있다. 그러나 나는 자기 방어 속에서 또 다른 변명을 하지 않을 수 없다. 지금 세상은 헛소리로 너무나 가득 차 있어서 비판적 기능에 대해 과도하게 강조하지 않고는 그 안에서 진실하고자 시도하기 어렵다.

이 문명 안에서 우리가 어린아이처럼 될 수 없기 때문에 하나님의 나라에 들어갈 수 없다면, 친애하는 브루투스여, 잘못은 우리 운명in our stars에 있지 우리 자신들에 있지 않다.

1927

주식투자가

나는 오늘 특별객차 흡연 칸the Pullman smoker에서(특별객차 흡연 칸은 미국인들 마음의 깊음과 얕음을 파헤칠 수 있는 완벽한 시설이다.) 주식투자로 큰돈을 번 신사 한 사람과 어울렸다. 그의 운은 그의 관점에서 보면 성공처럼 보였고, 그는 그런 성공이 유한한 인간에게 부여한 자신감으로 가득 차 있었다. 그는 모든 주제들에 대해 거드름을 피우며 말했다. 그는 농부들이 왜 돈을 벌지 못하고 있는지, 그리고 왜 유럽인들이 우리처럼 번영하지 못하는지에 대해 알고 있었다. 노름꾼의 행운이 사람들에게 철학자들이 헛되이 찾던 지혜에 대한 확신을 준다는 것이 이상하지 않은가? 나는 이 사람의 아내가 불쌍하게 여겨진다. 그러나 그녀는 그의 허튼 소리에 설득되어 아마도 그 새로운 털 코트를 법원에 출두appearing*해야 하는 것에 대한 적절한 보상으로써 여길 것이다.

---

* 역주. 허튼 소리로 번역한 obiter dicta는 법원 판결문 뒤에 "덧붙이는 말"로, appearing은 남편의 노름꾼 같은 주식투자 이후 아내가 법원에 출두해야 함을 암시함.

1927

사업가의 애국

오늘 일곱 명의 목사들이 상공회의소의 국방위원들과 함께 마주앉아 회의를 했다. 그들은 학교 내에서 의무 군사교육에 반대하는 우리 입장에 관해 대화하기 위해 우리를 초대했다. 특별히 노동자 연설가들을 우리 강단에 세우는 문제로 그 똑같은 그룹과 이미 논쟁을 벌인 직후였기 때문에, 그것은 흥미로운 경험이었다. 이런 두 논쟁점들에서 사업가들의 상반된 태도들은 아주 분명한 것이다.

노동자 논쟁에서 그들은 단지 노동자가 대중 앞에서 환심을 사는 것을 막기 원했던 완고한 현실주의자였다. 그때 그들은 우리를 원탁회의에 초대하지 않았다. 그들은 토론할 것이 아무것도 없었다. 그들은 그들 권력의 특징과 그것을 유지하는 방법에 대한 어떠한 토론도 막기 위해 간단히 그들의 권력을 그 도시 안에 사용했다. 이 경우*에서 그들은 억울해 하고 당황스러워 하는 로맨티스트이자 이상주의자였다. 그들은 장교로부터 그러한 훈련이 애국주의에 기여할 것이라고 들었기 때문에 학교에서 군사 훈련을 원한다. 그리고 애국주의는 그들이 아는

* 역주. 의무군사교육법.

유일한 종교이다.

    그들은 그들 자신이, 영적으로는 말할 것도 없고, 도덕적으로도 무적의 위치에 있다고 바로 그렇게 느꼈기 때문에 우리를 점심 만찬에 초대했다. 나는 그들이 약간의 논쟁만으로 우리 방식이 잘못됐다고 우리를 확신시킬 수 있으리라고 굳게 믿었다고 생각한다. 우리의 저항은 분명히 그들에게 아주 당황스러운 것이었다. 아마도 그들은 당황스러워 할 수 있는 권리를 가졌을 것이다. 왜냐하면 잠시 동안 애국주의라는 종교와 조직된 기독교 사이에 완전한 동맹이 있어왔기 때문이었다. 대부분의 사람들이 교회에 예배드리러 다니지 않게 된 이래로 그들은 강단에서, 적어도 한동안은, 그 동맹을 용해시킨 양심의 가책에 대한 것을 듣지 못했다. 우리는 우리의 입장에 섰고 그 회의는 아무런 성과 없이 끝났다.

    사람들이 아는 유일한 종류의 이타심의 유효성을 비판한 것이 약간 못된 것은 아니었는지 모르겠다. 그러나 아니다—편협한 충성심은 이기심보다 더 위험하게 될 수도 있다.

1927

예배와 서커스

나는 왜 그렇게 많은 교회들이 보드빌vaudeville 프로그램*에 마음을 주고, 힙-힙-후레이** 같은 형태의 예배들이 감리교파와 침례교파에 속해 있어야만 하는지 그 이유가 궁금하다. 곡예꾼 목사의 저속함은 확고한 영적 생명력이나, 보다 복음주의적인 교회의 청교도 전통과 거의 호환될 수 없다. 아마도 내가 말하는 현상은 단지 두 교파의 규모*** 때문일지도 모른다. 단순히 그들이 모든 다양한 유형의 더 많은 지도자들을 가질 정도로 충분히 크기 때문에 그들이 더 많은 재롱꾼들을 가지고 있을 수도 있다. 분명 어떤 교회도 감리교만큼 진정한 사회적 열정과 상상력을 소유한 사람들이 많지 않다. 교회에서 원하는 옛적의 감정적으로 따뜻하고 순박한 정통주의 설교자들 역시도 마찬가지다.

그럼에도 불구하고 두 교파들에서 곡예꾼 예배의 경향이 커지고 있다. 아마도 그것은 너무나 생생해서 무해한 폐지desue-

---

* 역주. 서커스 같은 공연 프로그램.
** 역주. 만세 삼창과 같은 응원 소리.
*** 역주. 미국 개신교 내에서 침례교파와 감리교파는 가장 큰 대형 교파들에 속함.

tude라는 운명을 받아들일 수 없는 교파적 그리고 회중적 유기체들의 전략을 대변하는 것일 텐데, 그것이 일부 다른 교회들에게도 닥쳐왔다. 대중들이, 교회들이 한때 진지한 종교적 감정에 의해 마음을 끌었던, 종교에서 만족을 찾으려는 경향이 적어진 것을 발견할 때, 교회들은 그 사람들이 갈망하는 것처럼 보이는 오락과 사회생활 속의 상품들을 제공함으로써 자기 자신들을 유지한다.

종교가 감정적 경험이지만 사회적 전통은 아닌 세대에서 그런 세대들의 유약한 열정이 식어갈 때, 새 세대들을 섬기는 교회들은 도덕적이고 심미적인 가치들에 대한 헌신을 통하여 종교적 감정을 표현하거나 혹은 상실된 종교적 감정을 보다 근본적인 감정주의로 대체시켜야 한다. 아마도 우리의 위대한 민주주의적 교회들 사이에서 값싼 극장식 풍조가 유행하는 것은, 대중들이 문화와 예술의 가치들에 밀접하게 통합된 그런 종류의 종교를 얻기 이전에, 그들이 미국에서 사려 깊지 못하면서 열광적인 종교적 감정 때문에 그 능력을 잃었다는 사실에 대한 표지일 것이다.

그들의 방랑자 같은 상상력들을 자극할 수 있는 어떤 장치에 의존하여 이렇게 영적으로 진공상태인 대중들을 붙잡아두려는 교회들의 노력에는 애처로움이 있다. 그러나 그것이 전적인 손실을 나타내지는 않을 수 있다. 그들이 제공하는 오락은 저속할 수 있으나 악하지는 않으며, 그것 없이는 사람들이 심지어 더 값싼 어떤 것에서 만족을 찾으려 할 수도 있다.

1927

설교의 자유와 진정한 복음

오늘 사순절 예배에서 힘이 넘치는 그 설교자는 기독교 신앙의 영웅적 특징들에 대해 상술했다. "최근에 누가 나에게 말했습니다"라고 그가 말했다. "기독교인이 되는 것은 위험하다는 것을 알고 계신가요?" 나는 대답했다. "물론입니다. 그것은 항상 그래왔고 항상 그럴 것입니다."

우리 설교자들이 어떻게 기독교 신앙의 영웅적 측면을 계속 강조하는지 이상하지 않은가? 오늘 그런 문제 제기는, "교회는 새로운 사망자 명단이 필요합니다"라고 극적으로 말하기를 즐겼던, 한편으로는 그가 불화나 논쟁을 불러일으킬 수 있는 모든 이슈들을 주의 깊게 피해갔다는 것이 잘 알려져 있는, ○○에 있는 설교자가 한 것과 정확하게 닮았다.

내 생각에 우리 목사들이 이러한 영웅적 문제 제기를 하는 것은 그것들이 삶에서 진정으로 실현되기 전에 복음이 우리를 영웅적 헌신을 요구하는 위치로 이끈다는 사실을 우리가 흐릿하게나마 인식하고 있기 때문이라고 생각한다. 따라서 우리는 원칙적으로는 십자가에 헌신하게 되는 위험한 위치에 놓여 있지만 실제로는 그것을 회피하고 있다. 우리는 그 사실에 대하여 불편해 할 만큼 충분히 정직하지만, 우리의 불편함을 영웅적 문제제기에 의해 잠재울 만큼 충분히 부정직하다.

어떤 집단의 목사라도 모이게 해보라. 그러면 "아무도 결코 우리에게 무엇을 말하라고 알려주지 않는다. 내 교인들은 내게 완벽한 자유를 준다"라고 열광적으로 선언하는 누군가를 발견할 것이다. 그것은 단지 불편한 양심을 잠재우는 또 하나의 방법이다. 왜냐하면 만일 우리가 사랑의 복음의 완전한 의미를 탐구한다면, 그것의 원칙들은 축복받은 편견들에 대항하는 것임을 우리 모두가 알게 될 것이기 때문이다. 물론 설교단에서의 자유를 유지하는 것이 완전히 불가능한 일은 아니지만, 만약 누군가 그의 신분과 메시지에 대한 반대로 인해 저버림 받을 위험 없이 그렇게 하고 있다면, 그는 그의 메시지의 자질에 대하여 그 자신을 속이고 있는 것이다. 그의 메시지가 너무나 무해해서 반대를 받을 가치가 없거나, 혹은 너무나 진부해서 반대를 불러일으킬 수 없는 것이다.

빈틈없는 교육학적 방법과 사랑 안에서 진리를 말하고자 하는 열정은 아마도 목사의 메시지에 대한 반대를 크게 줄여주고, 적어도 까다로운 소수들이 그의 메시지를 즐기고, 아마도 그의 메시지로 유익을 얻도록 설득할 수 있을 것이다. 그러나 만약 복음이 반대 없이 선포된다면, 그것은 확실히 십자가를 낳은 그 복음이 아니다. 간단히, 그것은 사랑의 복음이 아니다.

1927

근본주의자

오늘은 고등학교에서 매 주일 오후마다 열리는 공개 포럼에서 강연을 했다. 많은 분별력 있는 사람들에 더하여, 그 도시의 '소수 과격파'가 거기 모였다. 항상 그렇지는 않다 할지라도, 그런 모임에서 질문 시간은 불행하게도 상당 부분 바보 같은 사람들에 의해서 독점된다. 한 젊은이는 공산주의에 관해 열변을 토하면서 나에게 모든 종교가 환상에 불과하다는 것을 인정하라고 도전함으로써 끝마친 반면에, 한 나이 든 신사는 내가 주님이 언제 다시 오실 것으로 생각하는지 알고 싶어했다. 그 둘 사이에서 당신은 현대 생활에 있어 종교의 비극적 상태에 대한 이야기를 갖게 된다. 세상의 절반은 종교가 다뤄야 할 모든 시적 상징이 구체적이거나 역사적 사실의 정확한 의미definition라고 믿는 것처럼 보인다. 나머지 절반은 이것이 그런 경우에 해당되지 않는다는 것을 깨달았기 때문에, 모든 종교가 환상에 기반을 두고 있다는 결론에밖에 도달할 수 없다.

근본주의자들은 적어도 한 가지 특징을 대부분의 과학자들과 공유한다. 둘 중 누구도, 시적이고 종교적 상상은 어떤 경우에도 자세한 사실들에 대한 분석적 묘사 없이 사물의 전체 의미에 대한 실마리를 제공함으로써 진리에 도달하는 길을 가진다는 것을 이해하지 못한다. 근본주의자들은 종교가 과학이라고 주장하며, 따라서 그들은 모든 종교적 진리가 과학적 사실에 반대된다고 선언하는 것은 진실이 아니라고 아는 사람들을 유발시킨다.

우리처럼 시적 상상력이 전혀 없는 세대가 어떻게 진정으로 종교적일 수 있을까?

1927

도시 인종위원회 보고서

우리의 도시 인종위원회는 수개월간의 조사와 우리의 발견들에 관한 수개월간의 숙고과정 이후에 마침내 보고서를 제출했다. 이들 백인 및 유색인 지도자들과 만나서 우리의 인종문제를 이야기하는 것은 드문 경험이었다. 그 도시의 유색인종들이 직면하는 상황은 진정 처절한 것이고, 그 사실들을 수집할 때 실제적인 시간을 사용하지 않는 사람은, 최근에 남부에서 이주하여 우리의 산업화된 문명에 적응하지 못한, 이 사람들 사이에 존재하는 비참함과 고통에 대해 어떤 생각도 할 수 없을 것이다. 그들 자신의 부적합성과 백인 세계의 적대감 모두에 의해 방해받은 채, 삶을 잔혹한 수준 너머로 끌어올릴 그러한 편의 시설을 개발하는 것은 고사하고, 그들은 육체와 영혼을 함께 유지하기 위한 필사적인 싸움을 하고 있다.

나는 우리의 로맨티스트와 감성주의자들 일부가 도시의 진정한 사회문제들이 토론되는 일련의 회의들을 끝까지 앉아서 지켜볼 수 있기를 바란다. 그들의 낙관주의가 치료될 것이다. 생산시설 주위에 세워지고, 도시의 인간적 문제들에 대해 피상적인 생각만 하며 부수적인 주의만을 기울이는 도시는 진정 지옥과 같은 것이다. 우리의 나머지가 먹고, 마시고, 즐거워하는 동안, 이 마을에 있는 수천 명은 진정으로 고통 속에 살고 있다. 참 대단한 문명이다!

덧붙여서 나는, 그들의 규칙과 규범을 따르지 않는다는 이유로 우리의 시장mayor을 그렇게 싫어하는 그 선한 교회 사람들이, 인종관계에 대한 그의 태도들과 관점들이 대부분의 교회 사람들이 지닌 것보다 얼마나 우월한지를 정확히 평가할 수 있기 바란다. 그 '성자들'이 그들의 사적 미덕을 개발하고 그 도시가 부당함 속에서 그렇게 튀겨지게 허용하는 동안, 우리가 우리의 사회적 양심을 그렇게나 많이 그 '세리들'에게 의존해야만 한다는 것이 내게는 다소 불운하게 보인다.

1927

주일 밤 예배 문제

나는 주일 밤 예배 문제를 잘 해결했다고 생각한다. 다소 논쟁적인 도덕적 이슈 혹은 혼란스러운 종교적 문제에 관하여 내가 짧은 연설이나 설교를 하고, 그 예배 후에 우리는 삼십 분에서 사십오 분 정도의 토론 시간을 가졌다. 이런 종류의 프로그램에 의해 매력을 느낀 그룹은 많지는 않다. 그것은 일상적인 포럼 참여자들이 아니다. 그것은 특별히 사려 깊은 사람들의 그룹이고, 그들이 삶의 근본적 주제들과 문제들을 탐구하는 방식은 많은 설교들 이상의 가치가 있다.

나는 그러한 토론들이 설교단으로부터의 어떠한 권위를 가진 발언보다 삶의 진정한 문제들을 훨씬 더 철저하게 붙잡아주게 될 것이라고 분명히 확신한다. 한 가지 예를 든다면, 사람들은 자기 자신들의 일반적 원칙들을 특수한 경험들에 적용한다. 다음으로, 역시 그들은 삶이 겉보기에는 완벽한 모든 원칙들을 결정하는 것처럼 보이는 자격요건을 반드시 탐구하게 된다. 기독교적 삶의 진정한 원칙들은, 사려 깊은 사람들의 그룹이 그것들을 현대생활의 복잡함 속에 적응시키려는 정직한 노력을 할 때, 훨씬 더 실제적이고 또한 훨씬 더 실현 가능한 것처럼 보인다.

아마도 그러한 토론에서 가장 흥미로운 점은 모든 유형의 경험들이 어떤 특정한 일반적 진리를 드러내는 것으로 사용될 수 있다고 하는 방식이다. 지난 일요일 밤에 한 광고업 종사자가 자신의 광고 조언 경험을 통해서 결혼과 이혼에 대한 질문에 가장 흥미로운 답변을 했다. 심지어 관계들이 완전히 법적인 측면에서 그런 것은 아닐 때라 할지라도, 그것들을 영속적인 것으로 여기는 것이 항상 좋다는 점을 사업에서 배웠다고 그가 말했다. 만약 계약의 당사자들이 그것이 쉽게 깨질 수 있다고 추정한다면 그들은 영속적인 관계가 요구하는 그러한 조정을 해야만 할 때처럼 그렇게 노력하지는 않을 것이다.―따라서 우리는 한 분야의 활동에서 얻어진 경험을 다른 분야의 문제를 돕는 데 사용한다. 사려 깊은 어머니들은 몇 번이고 계속해서 그들의 자녀와 함께 지내며 얻게 된 경험으로부터 삶에서 강제의 자리 잡을 곳과 신뢰의 효과와 같은, 민주주의의 문제들에 대해 깨달음의 빛을 던져주었다.

사려 깊은 사람들만 있다면 모든 예배를 이날 저녁 토론 같은 것으로 바꿀만한 가치가 있을 것이다. 그러나 토론은 시간을 요구하며, 지침보다는 '감동'을 찾고 있는 사람들에게는 큰 의미가 없는 것이다. 나는 여전히 감동적인 설교들을 들으려는 청중들을 위한 자리가 있다고 생각한다. 그러나 수많은 전통적 도덕 사상들이 용해되어 있고, 수많은 다른 것들이 흔히 받아들여지지만 결코 적용되지 않는 세상에서, 다른 사람들을 위한다기 보다는 다른 사람들과 함께 탐구해가는 이러한 종류의 정직은 특별히 보람 있는 것이다.

1927

산업문명과 추수감사절

나는 산업화된 문명 속에서 정직한 추수 감사 축제를 갖는 것이 정말 가능한 것인지 궁금하다. 추수의 축제들은 농민공동체에서 충분히 자연스러운 것이었다. 농업인은 그 자신이 자연의 은혜에 의존한다고 느끼고, 자연의 변덕들에 대해 염려한다. 가을철 추수한 것이 마침내 곳간에서 안전하게 저장되었을 때, 그 풍요로움이란 사람이 인도할 수 있지만 결코 통제할 수는 없는 자연의 신비로운 힘들에 의해 창조된 것이기 때문에, 거기에서는 안도의 한숨과 함께 그것들을 종교적으로 표현해야만 하는 자연스런 감사의 감정들이 솟아난다.

그러나 기계의 능력과 ― 적어도 겉으로 보기에는 ― 인간의 근면에 의해서 수많은 부가 쌓이게 되는 산업문명에 있어서는 그 모든 것이 다르다. 추수감사절은 점점 더 전능자가 그의 가장 뛰어난 협력자인 우리 자신을 축하해주는 사업으로 되어간다. 나는 몇 해 동안 우리의 대통령들의 추수감사 선언문에서 그러한 감정을 느껴왔다. 왜냐하면 개인은 그가 창조하거나 심지어 인도하지도 않은 과정들과 세력들로부터 이익을 얻기 때문에, 산업화된 공동체에 살고 있는 개인은 교만에 의해 오염

되지 않은 추수감사절을 여전히 축하할 수 있다. 그러나 국가적 추수감사절은, 특히 그것이 물질적 보상에 대한 감사를 표현하는 것을 의미한다면, 점점 더 바리새인적 의례가 되어간다.

우리가 오늘 아침에 참석했던 추수감사절 연합예배는 내가 예배드리는 것을 아주 불가능하게 만들 정도로 자기 의에 넘치는 허풍선이의 말로 가득 찼다. 기도들 중의 하나와 설교의 일부에 참회의 희미한 향기가 있긴 하지만, 그것은 그 마음으로부터 솟아나지 않았다. 경배 받으셨던 주님은 만군의 여호와가 아니라, 그 친애하는 나이 든 신사에게는 걸맞지 않은 그 순간을 위해서 어마어마한 명성이 주어, 샘 아저씨의 정신이었다.

종교가 교만의 수단으로 사용되는 것은 좋지 않은 일이다. 국회의사당의 계단을 뻔뻔스럽게 뽐내며 내려오는 것이 "주님, 우리가 다른 사람들과 같지 아니한 것을 감사합니다"라고 말하면서 하나님 앞에서 겸손하게 절하는 사업을 진행하는 것보다 낫다.

실직한 노동자

오늘 어머니와 나는, 바로 얼마 전에 실직한 남편이 병들어 누워있는 ○○○의 가정을 방문했다. 그들은 도시에 아는 사람들이 별로 없었다. 그들은 어느 교회에도 소속되지 않았다. 대도시에서 친구도 없이 지낸다는 것, 그리고 비정한 산업에 의존한다는 것은 얼마나 비참한 인생인가. 그 남자는 약 55세에서 57세 정도이고, 병이 나은 후 그는 직업을 구하기 위해 필사적인 시간을 보낼 것이다. 그러나 현대의 공장들은 나이 든 사람을 위해 있지 않다. 그것들은 젊은이들을 원하고 그들을 아주 빨리 다써버린다. 기술이 그에게 없고 기계에 있는, 너희 현대의 노동자는 불쌍한 개인이다. 젊은 시절의 체력을 잃어버린 후에는, 그는 아무것도 팔 것이 없다.

나는 그의 일자리를 알아보겠노라고 ○○○에게 약속했다. 나는 그 가족의 절망을 덜어주기 위해 그렇게 했지만, 내 약속을 지키려면 어려움을 겪을 것이다. 우리 현대산업주의의 윤리에 따르면, 사람은 50세 이상이 되면, 특별한 직업훈련이 없는 한, 거의 쓰레기 취급을 받는다. 공장 규모가 더 작아지고 소유주가 그의 직원들에게 개인적 흥미를 갖게 되자마자 그러한 윤리가 어떻게 제대로 변하는지 보는 것은 즐겁다. 나는 그러한 예들을 아주 많이 언급할 수 있다. 그러나 불행하게도 그 규모는 점점 더 커져가고 보다 비인간적이 되어가고 있다.

나는 우리 현대산업주의의 이러한 희생자들과 보다 더 많이 접촉하는 것이 낫다고 생각하고 우리 일의 뒤처리를 어머니 혼자에게 맡기지 않는 게 좋겠다고 생각한다. 그러한 개인적 경험이 조금만 있어도 감상주의로부터 구해내는 데 많은 도움을 줄 것이다.

1927

전통에 대한 비판

방금 전에 ○○에서 있었던 학생 컨퍼런스로부터 돌아왔다. 젊고 똑똑한 교수가 모든 사회적 관습들은 비이성적인 타부에 기초하고 있다고 말했다. 우리의 세대는 이성적 사회 질서를 건설할 기회를 지닌 첫 번째 세대이다. 이 석학에 따르면, 이성적 사회를 건설하기 위한 방식은 모든 관계, 관습, 인습과 법을 경험에 의해 그 자체가 이성적임을 증명할 때까지 비이성적인 것으로 여기는 것이다.

이성으로 건설하고자 하는 그의 그러한 사회의 표본은 성적 관계에 대한 그의 토론 중에 주어진다. 그는 가정생활의 최고 유형, 그 둘 다 문란한 관계에 탐닉하고 있는 동안에도 한 여자가 한 남자를 사랑하는 것으로부터 기인한다고 생각한다. 따라서 자유와 사랑의 가치들이 둘 다 유지될 것이다. 그 젊고 똑똑한 사람은, 당신은 당신의 케이크를 갖는 것과 먹는 것을 다 같이 할 수는 없다는 말을 결코 들어보지 못한 듯했다.

당신이 어떤 종류의 사회에서, 대부분은 가정 안에서, 사랑과 협력을 원한다면, 그것을 위해 어느 정도의 자유를 희생할 필요가 있다. 이 현대인들은 얼마나 이상한 광신자들인가! 그들이 모든 가치들을 평가할 때 그들 자신이 냉정하다고 상상하지만, 사실 그들은 자유라는 하나의 가치에 대해 정말 고집스럽게 주창하는 사람들이다. 다른 모든 가치들은 그것에 종속되어야만 한다.

모든 관습, 습관, 법과 관례는 비이성적인 요소를 지닌 것이 사실이다. 어떤 것은 처음부터 비이성적이었고 다른 것은 환경이 바뀜으로써 그렇게 되었다. 따라서 우리가 삶의 사실들을, 전통적으로보다는, 경험적이고 과학적으로 접근하는 것은 꼭 필요하다. 그러나 모든 전통들이 완전히 비이성적이라는 가정으로 향하는 것은 아주 비이성적인 것처럼 보인다. 그렇게 생각하는 현대인들 대부분은 역사에 대한 지식에 있어서 심각하게 잘못되었다.

거의 대부분의 전통의 핵심에는 이성적인 것의 요소가 있고, 그것의 주변에는 전체적으로 비이성적인 것이 있다. 우리가 할 일은 그것을 동시에 발생하는 환경들과 조건들에 적합하게 맞춤으로써 후자를 파괴하고 전자를 회복시키는 것임에 틀림없다.

모든 사람이 모든 분야의 사상과 삶에 있는 모든 전통들에 대해 극단적으로 비판적인 것이 현명한 것인지 의심이 든다. 나는 우리가 이런 문제를 어느 정도 전공해야만 하고 다양한 사람들이 다양한 분야에서 실험하게 시키는 것을 상상한다. 한 사람이 모든 분야에서 실험하는 것이 행복에 기여하는 것은 아니라는 단순한 이유 때문에, 이것이 내겐 현명한 정책인 것처럼 보인다. 어쨌든 그것을 하려는 내가 아는 대부분의 지성인들은 불쌍한 영혼들이다. 내가 그들의 무리를 벗어나서 어떤 것을 당연시 하는 사람들과 사귀는 것이 항상 기쁘다. 그들의 삶에는 부자연스러운 부담감이 있고, 비판적 기질을 미덕으로 여기면서, 그들은 심지어 의심할 여지가 없는 미덕과 업적까지도 대부분 평가절하한다.

경험주의자들보다 전통주의자들이 훨씬 더 많기 때문에, 이 모든 것은 좋지 않은 충고일 수 있다. 그러나 많은 사람들의 무기력이란 것이 그들의 기질과 판단을 망쳐버리는 소수의 사람들을 정당화할 수 있는지 의심이 든다. 모든 개혁자들이 적어도 하나의 관심 분야와 그가 행복하게 관습적이 될 수 있는 삶을 발견하게 하자. 그가 만약 경제 질서를 개정하려고 노력하는 중이라면, 그가 가정생활을 하도록 하고, 그것의 알려진 불완전에 대하여 너무나 많은 양심의 가책 없이 그 안에서 행복하게 하자. 다시 생각하니 이 충고가 별로 좋지 않다. 어쨌거나 그것은 그들의 종교를 개혁하는 책무에 지나치게 사로잡혀 있어서 그들의 양심에 도전하는 사회의 부당함에 대해 아무런 관심도 없는 자유주의적 신학자들에 대한 나의 경멸과 불일치한다.

그렇다면, 우리가 모든 것을 동시에 개혁하도록 노력하는 개혁자들을 가져보자! 그러나 나는 그들과 거리를 둘 예정이다.

1927

새로운 포드 자동차와 실직자

새로운 포드 자동차가 출시되었다. 마을 전체가 그것에 대해 이야기한다. 신문기사는 그것이 세계 도처의 중심지에서 그 날의 토픽이라는 것을 보여준다. 관중들이 이 신제품을 처음으로 보기 위해 모든 전시회마다 몰려간다. 포드 씨는 그 자동차에 약 1억 불이 들었고, 제작을 마친 후에도 여전히 약 2억 5천만 불 정도를 은행에 빚지고 있다고 말하는 인터뷰를 했다.

나는 약간의 계산을 하여 그 차가 포드 노동자들에게 지난 해 동안 적어도 5천만 불의 손해를 끼쳤다는 결론에 도달했다. 실직 기간에 얼마나 많은 사람들이 그들의 집을 잃었는지, 그리고 얼마나 많은 어린이들이 고갈된 가정 재정을 메우기 위해 학교를 중단해야 했는지, 그리고 얼마나 더 많은 어린이들이 이 기간 동안 배급부족 상태로 살아가야 했는지 아무도 모른다. 포드 씨는 그가 그 차를 너무 늦게 출시한 실수를 저질렀다는 것을 인정하기를 거부한다. 그는 심지어 그의 실수들을 가지고도 대중에게 깊은 인상을 주는 방법을 갖고 있다. 우리는 이제 구형 자동차 판매를 중단한 후 신차 출시 전까지 일 년을 기다린다라고 하는 그 전체 생각이 이런 산업 천재의 통찰력을 드러내는 대단한 광고 전략이라고 하는 것을 믿도록 요구받고 있다. 그러나 인간의 삶의 고통에 대해서는 아무도 묻지 않는다.

이것이 얼마나 대단한 문명인가! 기계에 대한 천재성을 지닌 유약한 신사들이 갑자기 수십만 명의 삶과 운명에 대한 중재자들이 된다. 그들의 도덕적 허세들은 완전히 잘 속여져서 받아들여진다. 2억 5천만 불의 현금 준비금을 유지할 수 있는 산업이 실직자들을 위한 약간의 준비금을 마련하면 안 되는지 아무도 묻지 않는다. 그 신차가 좋으면 충분한 것이다. 우리가 이해할 수 있는 유일한 영역의 예술 속에 있는 예술 작품이 여기 있다. 따라서 우리는 그 예술가에게 과도한 윤리적 요구를 하는 것을 삼갈 것이다. 모든 세대들의 예술가들은 악명 높게도 도덕적 규율에 따르지 않아왔다. 배고픈 자들의 절규는, "헨리가 리지로부터 레이디를 만들었다Henry has made a lady out of Lizzy"*라는 노래 속에 수장되고 있다.

---

* 역주. 본문에서 언급된 헨리 포드 자동차 회사의 신형모델을 여성으로 비유하여 이전 모델보다 훨씬 더 매력적이라고 칭송한 노래.

1927

성공회의 기도서 논쟁

성공회 내의 이 기도서 논쟁은 인내의 대부분을 중단시켜버릴 자유주의자들을 우리에게 주어야만 할 것이다. 인내의 한계는 무엇인가? 사람이 진실이 아니라고 알거나 아니라고 믿는 신학적 입장을 인내하는 것은 진리에 대한 배반이 되지 않는가? 사람이 최대한으로 반역자 역할을 하지 않고서 현대 시대에 어떻게 중세주의에 대해 인내할 수 있는가?

가톨릭과 개신교를 분리시키는 깊은 틈새를 이어주는 하나의 다리였기 때문에, 우리 대다수가 복 받은 것으로 여겼던 성공회 교회가 여기 있다. 그러나 그 틈새는 이제 어떤 다리에 대해서도 너무나 넓은 것으로 드러났다. 가톨릭과의 협력은 종교를 주술로 축소시키는 종교적 행위들을 묵인하도록 요구한다. 의회의 개신교 평신도들이 개정된 기도서를 폐기시킨 것이 하나도 이상하지 않다. 우리 주님의 해 1927년에 사람이 어떻게 성찬에서 "그리스도의 실재real presence" 문제에 관해 진지하게 훈련 받을 수 있는가? 하나님이 어떻게 주술적으로 국한되고localized 구원이 작은 용기capsule 안에 한정될 수 있는지 아닌지에 관해 학식 있게 논쟁하는, 찢겨지고 피 흘리는 세상의 영적 지도자들을 생각해보라. 사제제 옹호자들의 논쟁점을 읽는 것은 사람이 충분히 모든 종교가 위험한 것이라고 여기는 회개치 않는 이성주의자들의 품 안으로 달려가게 만들기에 충분하다.

가톨릭의 약점이 사람들로 하여금 이 고대 교회에 여전히 살아있는 더욱 섬세한 모든 영적 도덕적 가치들을 즉시 포기하도록 만들어서는 안 된다. 그러나 종교를 주술로 축소시키는 기관과 삶의 무질서를 믿음이라는 이상ideal 아래로 가라앉히려 노력하는 영적 교제 사이에는 최후의 일치가 있을 수 없다.

주술은 모든 도덕성의 적이다. 그것은 오직 영웅적 노력에 의해서만 얻을 수 있는 모든 영적 상급들에 대한 지름길을 제공한다.

1927

가족제도에 관하여

오늘 ○○대학에서 연설이 끝난 후에 ○○교수가 자신은 가족이 인간 사회의 근본이라는 내 가정에 반대한다고 말했다. 그는 인간 협력의 대부분의 형태는 그들이 폭넓은 교제를 형성할 수 있기 전에 특별히 자신의 자녀에 어머니의 협소한 헌신에 의해 정형화된 것과 같은, 가족의 특별한 이익들에 저항해야 했던 남자들에 의해 형성되었다고 믿는다고 말했다. 그것은 내게 새로운 생각이었고 장점이 없지 않은 것처럼 보이는 것이었다. 물론 그것은 가족이 사회의 첫 번째 단위라는 전제를 무효화하지는 않는다. 왜냐하면 첫 번째 전투단위는 아마도 아버지와 아들 그리고 아들들의 아들들로 이뤄졌을 것이기 때문이다. 즉, 가족이—협의의 가족이 아니라 광의의 가족—부족으로 발전함에 따라 그것이 최초의 진정한 사회가 된다.

가족이 종종 폭넓은 교제 속으로 모험하는 것을 방해한다는 생각은 현재 한 가지 이상의 사실에 의해 정당화 된다. 가족은 여전히 본질적으로 이기적이고, 많은 남자들은 그의 가족에 대한 잘못된 의무감에 의해서 이상적인 모험들로부터 기만당했다. 단지 다른 가정들보다 그들의 아내들과 자녀들이 더 높은 생활수준을 즐길 수 있게 하기 위해 그들의 영혼을 팔아버리는 많은 남자들의 수를 생각해보라. 그들 인생의 관심사가 그들의 자녀들의 특별한 이익들을 확보하기 위한 야망을 결코 넘지 않는 많은 어머니들의 수를 생각해보라. 세베대의 아들들의 어머니가 좋은 예이다. 그녀 속에서 너는 그것의 장엄한 아름다움을 지녔을 뿐만 아니라 그것의 비극적 한계를 지닌 모성을 발견한다.

가족은 반드시 이기적이거나 항상 교제 속의 더 큰 모험을 반대하는 것이 아니라, 쉽게 그렇게 될 수 있는 것이다. 예수의 "나보다 아비나 어미를 더 사랑하는 자는 나를 따를 가치가 없고, 나보다 아들과 딸을 더 사랑하는 자는 나를 따를 가치가 없다"라는 무자비한 말씀은 대부분의 기독교인들이 깨달은 것 이상의 의미를 지닌다. 금욕은 이 문제를 해결하기보다는 회피하기 때문에 잘못된 것일 수 있다. 그러나 금욕을 실험하는 위대한 도덕적 민감성을 지닌 종교적 운동들의 한결 같은 경향성은 중요한 것이다. 총각bachelor도 같은 의미이다. 냉소주의자가 이러한 판단에 색을 입히는 사적 편견을 가장 잘 이용하게 하자.

1928

현대의 종교교육가들

종교교육에 관한 이번 컨퍼런스는 가장 우스꽝스러운 말로 하자면, 당신의 미천한 종*처럼 보인다. 우리는 한 유쾌한 '전문가'로부터 우리가 어린이들 자신이 직접 하나님을 발견하는 기회를 강탈하지 않고, 그들의 어린 마음을 우리 자신들의 미신들로 타락시키지 않도록, 우리가 정말로 하나님에 대하여 우리 아이들을 가르치면 안 된다는 말을 들었다. 만약 우리가 이런 방식대로 계속한다면 언젠가는 어떤 전문가들이 우리 아이들이 영어의 대안들로써 독일어, 불어 혹은 일본어를 선택할 기회를 강탈하는 것이기 때문에, 그들에게 영어를 가르치면 안 된다고 충고할 날이 올 것이다. 이런 훌륭한 사람들은 그들이 자유의 원칙을 불합리성으로 축소하고 있다는 것을 알지 못하는가?

종교는 언어처럼 사회적 산물이다. 그 둘을 위한 잠재력은 아이 안에 있지만, 그것들을 가장 높은 수준으로 표현하는 것은 문화와 영적 경험의 오랜 축적의 결과이고, 올바른 종류의

---

* 역주. 편지의 말미에 쓰이는 your humble servant라는 표현은 공손함을 나타내는 끝맺음 말이나, 문맥상으로는 소생, 우생(愚生) 등과 같이 익살맞게 자기비하를 하는 것임.

종교교육 속에서 그 인종의 경험이 개인의 경향성에 접목된 것이다. 우리가 단지 우리 자신의 종교적 사상들을 아이들에게 가르치지 않고 보류하는 것에 의해서는(그것들이 실수로 가득 차 있을 수 있다 하더라도) 우리가 젊은이들의 일부 집단들을 그들 자신들을 위해 한 동떨어진 섬으로 이동시키도록 허락함으로써 보다 높은 유형의 문화를 얻으려고 해봐야 소용없는 것처럼, 아이들로부터 보다 높은 유형의 종교적 이상주의를 얻지 못한다.

현명한 건축가는 네가 건축 기술의 법칙들을 이미 통달했다는 가정하에 네가 그것들을 파괴할 수 있다는 것을 알았다. 그것은 예술에 뿐만 아니라 종교에도 적용된다. 과거에 대한 무시가 그 불완전함으로부터의 해방을 보장해주지는 못한다. 아마도 그것은 과거의 실수들을 더 반복하도록 할 것이다. 물론 우리는 우리 젊은이들이 과거의 사상들을 너무나 비굴하게 받아들이지 않도록 그들에게 건전한 회의론scepticism을 배양시켜줘야만 한다. 그러나 진정한 감상이 비평 이전에 나와야 한다.

우리는 베토벤을 감상할 수 있도록 어린이를 돕기 전에는 베토벤의 한계들을 어린이에게 가르치지 않는다. 우리는 그 어린이가 스트라빈스키를 베토벤보다 더 좋아할 자유를 가질 수 있게 하기 위해서 클래식을 감상할 어떠한 기회도 막지 않는다. 이들 일부 현대인들이 하고 있는 것은 표면상으로는 자유를 위한 것이나, 진정으로는 그것을 희생시켜서 단순히 종교적 통찰력이라는 기관들organs과 종교적 태도가 번성할 수 있는 대기atmosphere를 파괴하는 것이다.

나는 이들 현대 종교 교육가들의 일부가 종교란 무엇인지에 대해 진정으로 모르고 있다고 하는 암울한 의혹을 품고 있다. 그들은 완전히 이성적 신앙을 원하지만 그들이 완벽한 이성화 rationalization에 의해 종교를 살해하고 있다는 것을 깨닫지 못한다. 그들의 모든 경건한 어법과 알려진 대로의 현대적인 교육학에도 불구하고 그들은 진정으로 타락한 세력들이다.

삶은, 그것으로부터 자양물을 끌어오고 그것을 파괴시키는, 서로가 서로를 먹이는 신앙과 이성 사이의 전투이다. 자연은 신앙이 그 아이의 삶에 있어서 초기의 이익이 후기의 어려움들을 보상하도록 현명하게 운명 지웠다. 만약 설익은 궤변으로 예방접종을 받은 아이들에 의한 인종의 진보를 우리가 돕는 것을 상상한다면 우리 모두는 아주 비참할 것이다. 신앙의 균형이 없다면, 이성은 젊은이들 사이에서 그것에게 이러한 이익을 주지 못하고, 금세 문명을 파괴할 것이다. 나는 이런 현대 종교 교육학자들 중에 어느 누구라도 우나무노Unamuno의 《삶에 대한 비극적 감정》을 읽어봤는지 궁금하다.

여기서 나는 마치 근본주의자인 것처럼 말을 하고 있다. 그러나 그러면 왜 안 되는가? 만일 우리가 열광주의의 유형들 중에 선택해야만 한다면, 왜 우리가 자유와 이성의 이름으로 생명력 있는 문화를 파괴하는 열광주의자들을, 권위와 신조의 이름으로 막 탄생한 새 문화를 억압하려 하는 사람들보다 선호해야만 하는 어떤 특별한 이유라도 있단 말인가? 후자 유형의 열광주의는 쓸모없이 끝나게 되어 있다. 이성의 성장은 결코 신조dogma에 의해 멈춰질 수 없다. 그러나 전자의 유형은 그것이 이성적 문화를 권태감과 절망으로 쉽게 무기력하게 만들기 때문에 위험하다.

1928

인종문제와 교회

이 연방위원회 모임Federal Council meeting은 도덕성의 지형에 대한 흥미로운 연구대상이다. 오늘 인종 소위원회는 그 연방 위원회가 미국 수정헌법 15조와 18조의 집행을 선호한다고 기록되도록 노력한 보고서를 제출했다. 그것은 분명히 그들이 남부지방의 공민권을 박탈당한 흑인들의 이익을 옹호하도록 헌신하게 하기 위하여 교회들의 강한 금지법 정서를 활용하기 위한 노력이었다. 그것은 괜찮은 정치적 전략이다. 그러나 그것은 거의 효과가 없었다.

남장로교회로부터 온 선한 형제 하나가, 이 '정치적 이슈'에 간섭하는 것은 "그리스도의 신부의 의복을 더럽히게" 될 것이라고 경고를 했다. 그에게 18조는 '도덕적' 이슈를 나타내지만, 15조는 '정치적인' 것이었다. 나는 그 15조 항목이 18조보다 복음의 특별함을 더 많이 표현한다는 은밀한 의심은 품고 있지만, 그것은 둘 중 어디에도 없다. 흥미 있었던 것은 다양한 교회 지도자들이 이 제안서에 의해 이끌려져 그 의회가 빠져버린 창피함에서 우리를 구해내려고 노력한 방식이었다.

남부에서 자라나 이제 북부에서 살고 있는 선한 형제 하나가 중재자로 역할하기 위해 노력했다. 그는 그가 얼마나 흑인 유모를 사랑했는지에 관한 일상적인 괜찮은 이야기로 그의 말을 시작했다. 언젠가 그는 윤리 속에서 교훈을 배워야 하고 우리의 우월함에 도전하는 사람보다 그들의 열등함을 인정하는 사람을 사랑하는 것이 얼마나 더 쉬운지를 배워야만 한다. 그녀의 사회적 경쟁자를 그녀가 자신의 신실한 하녀를 사랑하듯이 진실하게 사랑할 수 있는 여자는 덕이 있는 여자이다.

또 다른 중재자는 북부 사람들을 많이 알고 있는 남부의 주교였다. 그는 남부 사람들이 헌법에 대한 선거법 개정 조문이 아니라 그 정신spirit을 무시한다고 하는 사실에 가까운 말을 했다. 그 주교는 남부 지방에서 산업화의 조건에 대해 소신 있게 말해온, 진정으로 용기 있는 사람이다. 그러나 그는 인종 간의 관계에 대한 기독교적 관점을 받아들일 것인지 거부할 것인지에 관한 입장에 대해서는 명백히 두려워했다. 그래서 그는 그 법률 조문에 대한 궤변에 사로잡혀 있다. 아마도 그는 죽이는 법조문과 살리는 정신spirit에 대한 본문에 관해 많은 설교를 해왔을 것이다. 어쨌든 말한 모든 사람들은 어떻게 지역적이고 역사적인 환경이 기독교인의 확신을 자격 갖추게 했는지 보여주었다.

그것은 남부 옹호론자와 반남부semi-southern 중재자들처럼 비타협적 태도를 취한 우리들에 대해서도 마찬가지로 사실이다. 남부 주민들에게 있어서 우리는 기독교 이상주의자들이 아니라 단지 '양키' 잔소리꾼들이다. 그리고 아마 우리가 그럴지도 모르겠다. 어쨌거나 그 논쟁으로부터 북부 주민들이 그 인종문제 해결을 위해서 남부 주민들과 함께 하지 않을 수 없다는 것은 쉽게 알 수 있다. 그것이 해결된다면 해결책은 남부 주민들의 양심과 가슴으로부터 나와야만 한다.

결국 그 모든 도덕적 문제는 단순히 지역적인 것에 의해서가 아니라 계산에 의해서 조건 지워진 것이다. 한 인종이 다른 인종과 수적으로 거의 비슷할 때의 인종 간의 접촉은, 피지배 인종이 지배 그룹보다 훨씬 더 수적으로 약할 때와는 전혀 다른 이야기가 된다. 그러므로 판단 받지 않으려면 판단하지 않도록 하자. 다른 사람들의 죄들을 회개하는 것은 너무나 쉽다.

그럼에도 불구하고 기독교적 형제애의 이상이 분명히 말해주는 문제에 대해서 큰 교단이 어떤 정치적 해결책을 추구하도록 하는 것은 사람을 아주 편하게 만들지는 않는다.

1928

자기 성찰

나의 내적 동기들과 행위의 동인들을 분석할 때마다 내 자신을 증오하도록 만드는 인간 본성에 관한 실망스러운 협소함이 있다. 사람들이 삶의 필요들을 위해 너무 많이 타협하고 기독교적 이상이 그 본래의 의미를 완전히 잃어버릴 때까지 그것을 조절하기 때문에, 여기서 나는 사람들을 계속해서 재촉하고 비판한다. 그러나 나는 항상 나 자신만의 타협을 만든다.

사람들을 신뢰하는 것은 기독교적인 것이고, 나의 신뢰는 불신과 경계에 의해 조심스럽게 자격이 갖춰진다.

사랑하는 것이 기독교적인 것이고, 물리적 강제 안에서라기보다 사랑의 힘 안에서 신뢰하는 것이 기독교적인 것이다. 논리적으로 그것은 무저항을 의미한다. 그러나 나는 최소한의 강제는 모든 사회적 직무 내에서나 혹은 그들 대부분에서 필요한 것이라고 믿는다.

처벌하는 것보다 용서하는 것이 기독교적이다. 그러나 나는 용서의 회복시키는 능력을 실험하는 일을 거의 행하지 않는다.

나는 진정한 의미에서의 기독교인은 아니다. 내 안에서, 다른 많은 사람들에서처럼, "결심의 본래적 빛깔이 사고thought

의 희끄무레한 빛에 의해 창백하게 된다." 나는 너무나 조심해서 기독교인이 될 수 없다. 나는 나의 조심을 정당화할 수 있지만, 나보다 더 조심스러운 다른 친구들도 그럴 수 있다.

모든 기독교적 모험은 악의에 의해서라기보다는 비겁과 합리성에 의해서 지속적으로 좌절된다. 물론 모든 사람은 그가 그의 못을 박으려는 바로 그곳에서 자기 스스로 결정해야만 한다. 도덕적 모험과 필요한 조심성 사이에 어떤 안정적인 평형 equilibrium에 도달할 예정인 곳, 그리고 만약 그가 도달한 타협의 유형에 대해 특별한 합리성을 증명하려 한다면 아마도 모든 사람이 정당화될 수 있을 것이다. 그러나 그는, 내가 배운 것보다, 그의 입장의 오른편과 왼편으로 조정한 사람들에 대해 좀 더 관대하게 될 것을 잘 배울 수 있을 것이다. 내가 나 자신을 살피지 않는다면 나는 내 오른쪽으로 조정한 모든 이들은 열광주의자로, 그리고 왼쪽으로 조정한 모든 이들은 겁쟁이로 여길 것이다. 그러한 태도에는 바보 같은 자기중심주의가 있다. 그러나 네가 아주 확고히 어떤 입장을 취하지 않는다면 교육학적으로 효과적이기 어렵다.

이성적인 사람은 그리스도와 아리스토텔레스 사이, 사랑의 윤리와 중용의 윤리 사이 어딘가에 그의 도덕적 목표를 조정한다. 나는 아리스토텔레스보다 그리스도가 더 많기를 희망한다. 그러나 내가 그것에 대해 아주 확신할 수는 없을 것이다.

1928

설교자와 언론인

잭 하이드가 오늘 잡담을 하러 찾아왔다. 이런 신문사 사람들은 항상 흥미 있는 손님이다. 일간 ○○의 종교면 편집자로서, 그는 마을의 설교자들을 아주 밀착해서 취재해왔다. 물론 그는 비록 신사적이긴 해도 냉소주의자이다. 그는 설교자들이 공짜 유명세를 타려고 어떻게 노력하는지에 대해 많은 흥미로운 이야기를 해준다.

설교자들과 언론인들이 함께 모여 한편의 감상주의를 다른 편의 냉소주의와 맞붙게 하는 클럽이 있어야 한다고 생각한다. 그것은 그들을 진실에 아주 가까이 하게 해줄 것이다. 그 대조의 흥미로운 부분은, 신문은 공식적으로는 우리 시대의 삶에 대해 설교단만큼 낙관적이라는 것이다. 그 둘 사이의 차이점은 언론인이 하나는 공식적이고 다른 하나는 사적 소모consumption라는 두 가지 관점을 지닌 반면, 설교자는 그 자신의 감상벽과 낙관주의에 의해 함정에 빠져 있다는 것이다.

1928

교회와 의무감

내 좋은 친구 ○○○가 그의 교회 달력을 내게 보내주었다. 함께 동봉된 다른 것들 중에서 그는 다음과 같이 썼다. "지난 일요일, 거의 등록 교인들만큼이나 새로운 사람들이 왔습니다. 날씨는 다소 추웠습니다. 당신의 충성심도 역시 차가워졌나요? 당신은 절반의 군사들이 텐트에서 잠든 채로 싸울 수는 없습니다. 사순절 기간입니다. 당신의 교회를 우선시하세요. 당신의 의무를 이번 주일에 행하십시오."

우리는 여기서 심지어 개신교 목사조차도 얼마나 쉽게 사제의 관점으로 끌려가는지 볼 수 있다. 그는 사람들이 그의 설교를 듣는 것을 의무로 여겨야만 한다고 생각한다. 여전히 더 나쁜 것은 그가 교회 출석을 도덕적 영웅주의로 여긴다는 것이다. 신실한 교회 출석은 용기의 미덕보다 인내의 미덕을 개발시키고 드러낸다는 것을 그는 깨닫지 못했는가?

나 자신이 교회에 출석하는 것을 의무의 문제로서 언급했던 것을 인정해야만 한다. 그러나 나는 더 이상 그렇게 할 수가 없다. 심지어 종교도 그 자체로 목적이 아니다. 만약 교회 예배가 그것이 주는 평안과 도전으로써 사람들을 끌어당기지 못한다면, 우리가 그들의 의무감에 호소함으로써 출석을 강요하려는 그 악한 날을 연기해야만 한다. 기관에 대한 그들의 충성심에 대해 호소하고 그들이 회원으로서 그 기관과 자신들을 동일시한다면 그들에게 그들이 새신자가 그곳에 있게 해야 할 빚을 지고 있다고 말하는 것이 잘못된 것은 아닐 수 있다. 그러나 심지어 그것도 위험하다. 교회는 이미 너무 과도하게 그 자체로 목적이다.

이러한 호소들은 우리가 종교적 헌신을 하나님에 대한 예배로 여기는 것처럼 보이게 하는데, 아주 위험한 생각이다. 물론 현대 설교자들이 그것을 진정으로 믿는 것은 아니다. 진정으로 그 사람 마음에 있는 것은, 의식적이나 무의식적으로, 사람들이 그가 설교하는 것을 들어야할 의무를 지고 있다는 것이다. 그것은 아마도 그 자신의 기능에 대한 자연스런 찬양이 될 것이지만, 무언가 좀 한심한 구석이 있음을 부인할 수 없다.

물론 나는 모든 좋은 것들이 부분적으로 올바른 습관들habits에 달려 있음을 알 수 있다. 바람직한 관습들customs, 태도들과 행위들이 항상 충동과 의지에 의존할 수 있는 것은 아니다. 사람들이 습관으로서 그리고 기관에 대한 일반적 충성심 때문에 교회에 출석하는 것은 좋은 것일 수 있다. 교회가 매 주일마다 교회에 출석해야 할지 말아야 할지 그들의 마음을 결심해야만 하는 사람들에만 의존한다면 우리의 출석은 지금보다 훨씬 적을 것이다.

    그러나 습관적 행위들은 쉽게 의미 없이 되어버리고, 그것들에 의존하는 기관들은 그들의 생명력을 잃는다. 만약 습관적 행위들이 이상들의 충동과 그들 안에 관계한 가치들의 매력에 의해 지속적으로 재생되지 않는다면, 그것들은 쉽사리 쓸모없는 것으로 변할 수 있다.

1928

성 금요일의 극장예배

오늘 디트로이트는 이전의 어떤 때와도 다르게 성 금요일을 준수했다. 게다가 열여섯 개 극장들과 이외 많은 교회들은 열세 시간 동안 최대한으로 인원이 찼다. 나는 사람이 이 이교도 도시의 이러한 큰 헌신을 어떻게 이해할 수 있는지 궁금하다. 그리스도의 진정한 영은 이 도시의 산업화의 동인들 속에서 얼마나 작은 자리를 차지하고 있는가. 그러나 남자들과 여자들은 십자가에 대해 묵상하기 위해 수천 명씩 떼를 지어 모였다. 아마도 우리는 모두 예수를 십자가에 못 박는 것을 돕고 난 이후에 십자가라는 전체 드라마에 의해 너무나 감명을 받아 "진정으로 그는 하나님의 아들이었다"라고 그의 입술로 고백을 터뜨릴 수밖에 없었던 그 백부장과 같을 것이다.

극장 예배에 가기 전에 나는 미국 교회사의 여러 장들을 설명하는 광고판 메시지를 내건 한 감리교회를 지나쳤다. 그것은 "오늘 오후 성 금요일 예배. 활기찬 음악 예배"였다. 그렇게 우리는 종교의 어둠침침한 음조를 그 세대의 재즈와 결합시킨다.

활기찬 음악 예배를 필요로 하는 누군가가 십자가의 의미를 진정으로 감상할 수 있는지에 대해 의문이 든다. 그러나 아마도 그것은 단지 내가 가진 루터교적 편견일 것이다.

1928

현대의 지성인과 목회

오늘 우리 토론에서(어느 중서부 대학의 학생 토론회) 아주 세련된 젊은이가 오늘날 지성적인 사람은 아무도 목회를 하려 하지 않을 것이라고 나에게 확언했다. 그는 너무나 많은 비이성들이 여전히 종교와 얽혀있기 때문만이 아니라 교회 내에서 유용함을 보여줄 진정한 기회가 없기 때문에도 목회가 직업으로서는 불가능한 것이라고 확신했다. 나는 이 세련되고 현명한 남자를 계몽시키려 노력했다.

교회의 모든 약함과 한계에 동의한다고 치면, 사람은 여러 방면에서 보다 효과적일 수 있는 곳 어디에 그의 삶을 투자할 수 있는가?

너는 어린이들과 젊은이들을 대할 수 있고, 그들의 삶의 목표를 세울 수 있도록 도울 수 있고, 그들의 개성들을 정당하고 합리적인 가치들 주변으로 조직할 수 있다.

너는 위기에 처한 가족이, 그것에 의해 가족생활이라는 제도가 보존될 수 있고 산업화 문명의 새 조건에 적응될 수 있는 규범들과 가치들을 형성할 수 있도록 도울 수 있다.

너는 현대 산업주의가 만들어내고 있는 부정의들에 대해 순응적인 문명을 깨울 수 있다. 목회자들이 이러한 점에서 대부분 실패하는 반면, 용기 있는 사람이 이런 분야에서 사회에 진정한 기여를 하는 것을 막을 수 있는 것은 아무것도 없다.

당신은 인종 간의 갈등의 가혹함을 완화시킬 수 있고, 다국어를 말하는 도시의 다양한 집단들이 서로와 자기 자신들을 이해할 수 있도록 도울 수 있다.

당신은 사람들의 사고와 희망을 자연 세계의 가혹함을 완화시키는 그러한 사실들과 진실들을 향해 인도할 수 있고, 자연의 멸시적인 면전에서 인간의 삶의 존엄성을 확언할 기회를 사람들에게 줄 수 있다.

당신은 그들의 헌신의 이상적 대상들에 의해 그들의 삶들이 결정되고 형성될 때까지 그들이 희망과 갈망들을 형성하고 인도하도록 도울 수 있다. 주술과 미신이, 인류의 가장 고귀한 희망과 확신과 함께, 보기에 풀릴 수 없이 섞여있듯, 여전히 뒤엉켜 있는 것이 사실인 반면에, 한편이 다른 편과 함께 멸망당할 필요가 없게 하기 위해서 환영들illusions로부터 희망을 분리시키는 솜씨 좋은 공예가로서 너는 진정한 기쁨을 찾을 수 있다.

여기에 사회과학자의 지식과 시인의 통찰력과 상상력, 사업가의 기업가적 재능과 철학자의 정신적 훈련을 필요로 하는 직무가 있다. 물론 우리들 아무도 우리에 대한 모든 요구들을 충족시키지 못한다. 모든 것들이 모든 사람들에게 있는 것은 쉬운 것이 아니다. 아마도 그것이 왜 사람들이 그렇게 우리들에게 비판적인지에 대한 이유일 것이다. 우리의 직무는 높은 수준의 기술을 가능하게 하거나, 만질 수 있거나 쉽게 측정되는 결과를 낳을 만큼 충분히 특별하지 않다. 사람들은 우리에게서 너무 쉽게 잘못을 찾을 수 있고 우리는 그들을 위압하거나 그들의 비판을 막을 어떠한 통계 자료도 없다.

1928

기부활동과 문화의 부재

오늘 나는 가치 있는 대상들의 이익을 위해 모금 운동을 시행하고 있는 시민단체들 중 하나의 "승리의 만찬Victory dinner"에서 연설했다. 잘 준비되지 않은 채로 나는 디트로이트에서 문화의 부재에 대하여 동떨어진 혹평을 했고, 새 시대의 여명이 밝아오고 있다는 것에 대한 희망을 표시했다.

내 옆에 가까이 앉아 있던 ○○○씨는 내가 말한 것에 대해 아주 화가 나서, 내 연설 중간에 나를 중단시키고 싶은 유혹에 빠졌노라고 고백했다. 그는 디트로이트의 문화에 대한 증거로써 한 종교기관을 위해 그가 많은 돈을 기부했다고 언급했고, 그가 속한 '오랜 집안들'은, 보다 새로운 대중들에 대해서는 무슨 말이 있을지 모르겠지만, 진정한 문화를 가지고 있다고 주장했다. 나는 그에게 그의 기부는 문화라기보다는 의righteousness를 드러내기 위한 것이었다고 대답했다. 그가 주식시장을 조작하여 재산을 모았다는 것이 널리 알려져 있기 때문에, 그는 내 대답에 거의 난감해하지 않았다. 우리는 마침내 디트로이트 거리들이 시카고 거리들보다 더 깨끗하다는 명제에 관하여 유쾌한 일치에 도달하게 되었다.

1928

설교자의 비판적 독서

모든 설교자는 가급적 종교에 대해 극히 적대적인 여러 급진적 저널들을 읽어야 한다고 믿는다. 기독교의 윤리적 이상들은 너무나 높고, 보통 교회와 보통 목회자들이 이러한 이상들과 사회의 경제적 필요들 사이에서 만들어 낸 타협들은 너무 크며, 자기기만은 너무나 쉬워서, 우리는 비판자의 강제력이 필요하고 아마도 현대생활 속의 종교에 대한 냉소적 평가가 필요할 것이다.

나는 특별히 이러한 종류의 독서를, 그들이 받는 찬사들 때문에 메시아적 콤플렉스에 너무나 쉽게 사로잡히는 성공적인 목사들에게 추천하고 싶다. 그들의 모든 설교가 추상적이고 결코 현대사회의 근본적 결함들을 건드리지 못한다고 생각하는 약삭빠른 관찰자가 있다는 것과, 이러한 비판자들이 적어도 너무나 관대한 그들의 헌신자들만큼 진실에 가깝다는 것을 그들 자신이 기억하게 하자.

1928

순응과 진보

다양한 목회자들에 대해서 내가 말해온 많은 불친절한 일들을 회개해야만 한다고 생각한다. 우리 자유주의적 설교자들(지금 나는 사회적 자유주의를 생각하고 있다)은 너무나 성급하게 인습적 견해들을 비겁함 탓으로 돌린다. 우리가 깨닫지 못하는 것은, 목사들 거의 대다수가 확실히 우리의 급진적 신념을 공유하지 않고 있다는 것이다. 그들이 만약 우리가 살고 있는 그런 종류의 문명에서 아주 당당하게 지내고 있다면, 그것은 확실히 그들이 우리 시대의 지배적 사상들과 진심으로 포괄적 의견일치 속에 있기 때문이다. 물론 나는 어떻게 사람이 역사를 그렇게 소란에 빠뜨린 사람에 대한 제자도를 주장하면서도 그렇게 완전한 순응주의자가 될 수 있는지, 우리가 어느 정도 궁금해 할 권리가 있다고 생각한다. 그러나 그것은 대부분 비겁함이 아니라 순응을 만들어 내는 정신적 무기력이다. 그리고 때때로 순응은 대담한 마음이라기보다 섬세하게 균형을 잡은 마음의 정직한 열매이다. 결국 우리 대부분은 어떤 점에서는 순응주의자들이고, 우리 자신의 것을 제외한 모든 유형의 순응을 정죄하는 것은 우리 쪽이 오히려 주제넘은 상태인 것이다.

나는 복음주의연합에 남아 있으면서 즉시 유니테리안 교회에 속하지 않는 모든 자유주의자들은 비겁함으로 인해 그렇게 되었을 것임에 틀림없다는 〈기독교 인명부Christian Register〉의 그 편집자들과 같은 이들의 주장에 의해 이런 생각에 이르게 되었다. 순응이나 진보주의를 시험하는 것이 사회적 자유주의라기보다는 신학적인 것에 의해 이루어졌을 때, 뿔에 받혀 상처난 것은 나의 황소*이고, 나는 이전의 가혹한 의견들을 철회하기 시작한다. 만일 〈인명부the Register〉의 그 편집자가 복음주의적 자유주의자의 동기를 측정하는데 있어 그렇게 심하게 오해할 수 있다면, 우리 사회진보주의자들도 왜 목사들이 완전한 평화주의자가 될 수 없는 지에 대해 설명하는 데 있어 잘못을 범할 수 있다. 큰 성과다! 나는 내가 어떤 사람의 영적 교만의 희생자가 되었을 때 어떻게 인내하는지를 배웠다.

---

* 역주. 자신이 패배했음을 의미하는 표현.

1928

직업으로서의 목회

동부에 사는 유대인 친구와 유익한 대화를 했다. 그는 자신이 만약 기독교 교회에 참여할 수 있다면, 그것은 오직 퀘이커 교회가 될 것이라고 말했다. 물론 그는 우리가 살고 있는 것과 같은 세상, 즉 기독교인들이 유대인들에게 사회적 배척주의를 감행하고 따라서 모든 유대인들이 그러한 종교적 충성심의 이전 transfer을 그의 인종공동체에 대한 반역으로 여기도록 강요하는 세상에서는 퀘이커 교회에 등록하지 않을 것이다. 그가 그의 종교 집단을 선택할 자유가 있었다면, 그는 퀘이커들이 직업적 목회제가 없기 때문에 그들을 선택하려 할 것이라고 느꼈다. 그는 정신분석학에 대해 잠깐 언급하고는 자신이 직업적 목사를 꿰뚫어 보았다고 생각한다.

나는 그가 언젠가 설교자 그룹과 대화하게 하고 싶다. 모든 현실주의자들처럼 그는 건강한 인간관계를 파괴하는 그런 유형의 냉소주의로부터 가까스로 탈출했다. 그러나 그는 진정으로 그것을 탈출했고 인간 본성에 대한 그의 분석에 있어서 전혀 비판적이지 않다. 그것이 그 목회에 대한 그의 반응이 나를 신경 쓰이게 하는 이유다. 그는 상당한 진실에 손을 뻗쳐 있다.

그 직업적 목회제에는 아주 인위적인 것이 있다. 종교가 주술을 다룰 때 직업적 사제들은 주술을 실행하여 아주 행복해질 수 있다. 그러나 종교가 모든 삶의 가장 고결한 가치들에 대한 탐구가 될 때 사람들이 이러한 가치들을 발견하고 개발시키는 것을 돕는 비즈니스로 너의 생계를 유지하는 것에 대해서는 부조리한 면이 있다. 나는 이러한 고찰이 직업으로서의 목회를 무효화시키지 않는다고 생각한다. 전공자들과 전문가들의 시대에는 도덕적 영적 가치들의 전공자를 위한 공간이 있어야만 한다. 그러나 네가 다른 이들보다 더 나은 설교자이기 때문에 많은 사례비를 요구하는 것에 대해 생각해보라! 그것은 사람들이 하나님을 찾는 것을 돕는 사람의 능력에 시장가치를 부여하는 것이 아닌가? 운 좋게도 설교자 시장에서 대부분 가격의 차이를 창출하는 것은 영적 은사라기보다는 수사학적인 것이다.

1928

교회와 비즈니스

나는 오늘 대형 교회들의 하나를 지나가면서 이런 의미심장한 슬로건을 보게 되었는데, 그것은 지나가는 사람들에게 강한 인상을 주기 위해 고려된 것이었다. "우리는 사업을 접을 것입니다. 언제? 디트로이트의 모든 사람이 그리스도에 속하게 되었을 때." 물론 이것은 단지 슬로건이고 너무 심각하게 생각한 것은 아니지만, 개신교의 모든 약점이 그 안에 담겨있다. 여기서 우리는 "그리스도에게 속하"여온 수천 명의 사람들이, 서로를 비참하게 만들지 않고 다른 사람과 함께 사는 법이나 행복한 삶을 사는 법을 조금도 생각하지 않는 복잡한 사회에 살고 있다.

그러나 교회는 사람들을 그리스도에게로 속하게 하는—즉, 그들이 그들 자신을 그리스도 안에서 상징되는 선한 삶에 대해 헌신하게 되도록 분위기를 조성하거나, 그들이 진실로 자신을 헌신하는 어떤 형태의 감정 혹은 사회적 경험을 통해서 끌어당기거나, 이것이 그러한 직무의 목표라고 상상하게 하는 등의 방법을 통하여—비즈니스를 계속한다. 나는 그러한 헌신들이 나름의 가치가 없다고 말하는 것은 아니다. 그러나 사람은 분명히 욕망이나 혹은 심지어 기독교적 삶을 살려는 의지가 현재 사회, 혹은 어떤 사회에서 자동적으로 충족된다는 환영illusion 아래서 사는 아주 눈 먼 장님임에 틀림없다.

저 슬로건을 지닌 교회는 바보 같은 광고가 사람을 가정suppose에 빠지게 하는 것보다 정말 더 낫다. 나는 사람들이 어떤 빛과 따라갈 지표를 거기에서 얻는다고 생각한다. 그럼에도 불구하고 대부분의 에너지들은 "다른 사람들을 속하게 하는" 비즈니스 속에 들어간다.

모든 것을 사람들을 모으는 직무에 쏟는 이런 복음주의적인 교회들에 관해 가장 슬픈 점은, 그들이 일반적으로 이미 "속한" 사람들이 그들 자신을 완전하다고, 혹은 적어도 "구원받았다"고 상상할 유혹에 빠진다는 것이다. 나는 저 교회의, 나쁜 사람 역시 아니지만, 그가 캄캄하게 아무것도 모르는 그리스도의 복음 속의 여러 생각들에 "속할" 필요가 있는, 한 변호사를 안다. 그러나 그는 자기 자신에 대해 너무도 확신에 차서 새로운 생각을 얻을 수 없다.

1928

목회자의 직업주의

그의 주간 일지에 고백을 실은 목사가 여기 있다: 그는 그 고백에 "지난 일요일 밤, 나는 최악의 상태였고 불행히도 청중들 중엔 새로 온 사람들이 많았다. 나는 노력했으나 스트라이크를 던지지 못했다. 나는 주일학교 반에서 가르쳤고, 라디오에서 설교했고, 저녁을 먹으러 가서, 만찬에서 손님을 즐겁게 해줬고, ○○위원회를 만났고 부활절 이후 쉬지를 못했다. 나는 다음 주일에 더 잘하려 노력할 것이니, 그때여 어서 오라"라고 적었다.

그것은 모두 친절하고 겸손하지만, 그 전체 속에는 혐오스러운 직업주의의 암시가 있다. 그런 생각은 그가 훌륭한 성과를 보여주지 못했다. "스트라이크를 던지지 못했다"라는 것이다. 거기서 너는 직업적 사역의 전체 약점, 즉 매 주일마다 흥미 있는 말을 하고자 분투하는 것을 지니고 있다. 바로 그것을 하기 위해 사례를 받고 그의 성공이 그의 설교들 안에 그가 집중시킬 수 있는 활력의 양에 의해 평가받는 사람에 의해, 매 주일마다 두 번씩 규칙적 일정으로 감동을 제공하는 비즈니스가 도덕적 영적인 위험들로 가득 차 있다는 것을 부인할 수 없다. 영적 파산으로 치달음이 없이 그러한 프로그램을 따르는 것은 성자a saint 같은 자원들resources을 요구한다.

1928

성공한 목회자에 대한 보상

나는 오늘 ○○에 도착하여, 그 지역 설교단의 아주 매력적인 지배자의 호화로운 집에 묵게 되었다. 제복을 입은 운전사가 운전하는 최고급 패커드 자동차(내 집주인이 교인들의 선물이라고 알려줬다)가 나를 약속장소로 모셔갔다. 내가 거기 내려가는 도중에 사보토렐리의 《성 프란시스코의 삶》을 읽고 있지 않았다면, 그리하여 세상을 내 자신의 눈이라기보다 그 작은 형제의 눈으로 보려는 상태가 아니었으면, 내가 이런 종류의 삶에 대하여 그렇게 강하게 반응했으리라 생각하지 않는다.

목회자들에 대한 이런 종류의 사치에 반대하지만, 평신도들의 생활수준에 대하여는 똑같은 반대의 소리를 내지 않는 것은, 우리가 도덕적 이원론에 빠져있는 것으로 보이게 할 수 있다. 그러나 나는 더 이상 이원론을 두려워하지 않는다. 우리는 그것을 더 잘 이용할 수 있다. 그것은 우리가 외부지향적 쇼에 의해 성공을 홍보하는 것보다 더 사람에게 성취감을 주는 법은 없다는 것을 아는 문명 속에서 생활수준 속에 포함된 영적 의의를 평신도들에게 확신시킬 수 있기 전까지는 한참의 기간이 걸릴 것이다. 그러나 목사들이 더 잘 알아야만 한다.

더군다나 네가 목회하려는 사람들의 후한 선물을 받아들일 때는 도덕적 위험이 있다. 그것은 그들이 너의 고마운 감정을 의식적으로 이용하려고 시도해서가 아니라, 그들의 넉넉함에 대한 그러한 의존은 진리를 정직하게 제시하는 것에 대해 심리적 위험 요소를 창출하기 때문이다. 물론 이러한 과도한 은혜를 입은 사람들이 대부분 너무나 길들여져서 새삼 길들일 필요가 없다는 것은 아마도 사실일 것이다. 불편을 야기하는 질문을 제기하는 것보다 무해한 미덕은 항상 더 매력적이고 관대한 애정을 촉발하기 더 쉽다.

그렇다면 역시, 우리와 같은 유형의 문명 속에서 예수의 복음을 누구도 불편하게 만들지 않고 설교할 수 있는 사람은, 그 힘든 솜씨를 위해 자동차 한 대를 받을 만한 자격이 있다. 그리고 그들은 그 솜씨를 가능하게 해준 성과를 만든 그러한 영적 생명력의 부재를 그들에게 보상해 줄 사람이 필요하다. 이런 현대적 부속품들 대부분은 어린애 같은 사람들의 마음을 끄는 장난감들이다. 내적 도덕성의 일치를 유지하려고 노력하는 모험을 희생시킬 때, 우리는 보상적 흥분을 추구할 수밖에 없고 그것들을 우리의 기계적인 장난감들 안에서 찾게 될 수밖에 없다.

그러나 이 모든 것이 질투의 목소리일 수 있다. 나는 큰 차 안에서 안락하게 앉았을 때 "속도를 내는"데서 오는 힘의 느낌만큼, 물질적 즐거움의 영역에서, 사랑하는 것이 없다.

1928

유대인

○○에 있는 유대인 회당에서 오늘 말씀을 전했다. 내가 유대인들과 더 접촉할수록 나는 사회적 문제들에 있어서 유대인들의 양심의 뛰어난 민감성에 감명을 받는다. 나는 아직 그들을 뛰어넘는 기독교인들의 그룹을 찾지 못했고, 그 날의 경제적, 사회적 이슈들에 있어 히브리 그룹의 지적 흥미에 필적하는 사람을 거의 보지 못했다. 내가 특권층 유대인 그룹들 내에 적어도 히브리 예언자들에 대한 그들의 명백한 헌신에 필적할 만한 도덕적 자기만족이 있다고 말하는 것이 아니라, 적어도 예언자적 종교의 천재성에 대한 상당한 평가가 있고, 그 예언자적 이상을 삶에 적용하려는 어느 정도 정직한 노력이 있다고 말하는 것이다.

나는 개신교의 개인주의적 전통들과, 아마도 또한 개신교 신학 내의 강력한 바울 전승이, 유대교 속의 경우보다 훨씬 더 예수의 복음의 사회적 의의들을 가려왔다는 것이 유감이다. 나는 유대교 회당 내의 종교적 삶이 많은 기독교 교회에서 그러한 것처럼 항상 눈에 띄게 활력 있는지 확신하지 못하지만, 적어도 사회적 관점에서는, 그들이 우리 그룹들에서보다 거기서 갖고 있는 것을 훨씬 더 현명하게 지도하고 있는 것처럼 보인다.

유대인들은 결국 메시아적 민족이고, 그들은 그들의 메시아적 영향력, 말하자면 그들의 유토피아적 꿈들에서 결코 도피하지 않아왔다. 그들 종교의 영광스러운 점은, 이미 구원받은 사회로서, 진정으로 그들이 '구원'에 관하여 그리 많이 생각하지 않고 있다는 것이다.

1928

삶의 지혜

○○○여사가 그녀의 고통을 견디고 어린아이와 같은 믿음과 내적 평안으로 궁극적이고 확실한 결말을 기다리는 방식은 철학자들도 아주 부러워할 만한 업적이다. 학교 교육을 받지 못한 사람들이 삶과 고통의 학교를 잘 이용해왔다면, 나는 그들의 삶에 어떠한 자질이 있다고 선언하며, 나는 기운 빠진 사람들에게서 찾을 수 있는 어떤 것보다 훨씬 더 그것을 존경한다. 삶의 운명에 대해서 투덜대는 반항이 덜하고, 병적인 내향성이 덜하며, 하나님의 선하심에 대한 더 많은 신앙이 있는 것이다. 그리고 그 믿음은, 하찮은 냉소주의자들이 뭐라고 말하든지 간에, 진정으로 궁극적인 지혜이다.

극심한 어려움들 속에서도 대가족을 부양하며, 힘든 삶을 살아왔던 ○○○여사는, 자녀들에게 공경받고, 그녀의 친구들에게 존경을 받고 있으며, 그녀는 진정한 감사의 마음으로 고통스럽지만 행복한 과거를 성찰한 것처럼 힘든 미래를 침착한 용기를 지니고 바라보는 법을 배워왔다. 그녀는 자신을 위해 기도해준 데 대해 내게 감사하고, 내가 그녀를 보러오는 호의를 그녀에게 베풀었다고 생각한다. 그러나 나는 진정으로 이기적인 이유들 때문에 온 것이다. 내가 나 자신의 것보다 더 빛나는 믿음을 지닌 채 그 집을 떠나기 때문에. 인간과 하나님 둘 다에 대한 나의 확신이 강화된다.

우리 모두가 진보하는 동안, 현대에 있어서 사라진 것처럼 보이는 것은 바로 그 부인이 지닌 그러한 자질이다. 아마도 우리는 고도로 훈련된 문화 속에서 언젠가는 그것과 비교할 만한 어떤 것을 완성해낼 것이다. 그러나 우리가 개척자들 세대의 도덕적 강건함fibre를 잃어버리고 도덕적 귀족 통치 세대의 훈련을 기다리듯이, 삶이 너무나 안락해서 우리의 아버지들이 가졌던 비극적 고결함을 가질 수 없고, 너무나 혼란스러워서 위대한 문화적 도덕적 전통으로부터 오는 그 매력들을 드러낼 수 없는 이 현재의 세상 속을 방황해야 하는 것은 우리의 정해진 운명이다.

1928

목회자의 자기기만

자신이 잠들기 위해 노래를 부르는 목사가 여기 있다. 그는 "교회에 출석하는 사업가들은, 목사가 그 기술을 간섭하지 않아도, 밖에 나가서 기독교인으로서 그들의 사업을 운영하기에 충분한 감각이 있다. 내가 아는 가장 영적이고 영향력 있는 목사들의 대부분은 정치, 산업 혹은 개혁을 결코 직접적으로 다루지 않는다"라고 썼다. 물론 목사가 기독교적 원칙들을 특정한 영역들에 대해 상세히 적용할 전문적 조언을 제시할 수는 없다는 것이 사실이다. 그러나 그는 원칙 자체들이 자동적으로 복잡한 세상 속에 적용된다고 추정할 수도 없는 것이다.

목회에 있어서 자기기만의 가장 효과적인 수단들 중의 하나는 그 날의 논쟁적 이슈들에 대한 위대한 이상들ideals과 원칙들의 관계에 대해 어떤 실마리도 주지 않고 그것들을 선언하는 것이다. 목사는 이상의 적용과 관련된 다소 위험하고 즉각적인 결과들을 알기 때문에, 그 이상들을 언급할 때 대단히 영웅적인 기분을 느낀다. 그러나 그는 그 적용을 분명히 하지 않고, 그의 말을 듣는 사람들은 관련된 즉각적 이슈들을 볼 수 없거나, 그들이 관련되었다는 것은 알지만 오히려 직면하지 않으려고 하는 동시대의 이슈들을 호되게 야단치지 않았기 때문에 무의식적으로 그 목사에게 감사한다.

설교자가 이렇게 하고 있을 때 그의 마음에서 진정 무엇이 벌어지고 있는지에 대한 주장을 거부할 수 있게 하기 위하여, 나 자신이 너무 자주 논쟁 상황 속에 일반 원칙들을 구체적으로 적용하는 것을 피해왔다. 내가 항상 그것을 피해왔다고 생각하지는 않고, 내가 피하지 않았을 때 나는 반드시 어떤 어려움에 빠졌다. 아무도 원칙들에는 도전하지 않는다.

외교관들처럼, 보통 사람은 항상 복음을 '원칙적으로' 받아들이고, 이후 수천 번 유보함으로써 그것을 무력화해나가기 시작한다. 나는 우리가 현대 산업적 국가적 문명에 관련된 모든 기술적 문제에 관해 전문가가 될 수 없다는 것을 안다. 그러나 그들의 경건한 일반성을 미덕으로 삼는 목사들은 자기 기만적이거나 의식적 사기꾼 중의 하나이다.

1928

M감독

나는 M감독이 받은 새로운 영예들을 듣게 되어 기쁘다. 그는 내게 미국 교회 생활에 있어 가장 영예로운 인물로 보인다. 철학자, 예언자 그리고 정치인 모두가 하나로 뭉뚱그려진 사람을 갖는 것, 그리고 우리 종교 생활에서 특별한 명성을 얻은 사람을 갖는 것은 모순된 것처럼 보이는 다양한 경향성과 기능들이 한 인격체에 융해될 때, 어떻게 가장 풍요로운 인격을 얻게 되는지에 대한 분명한 예이다.

철학자들은 대부분의 경우 예언자들이 아니다. 그들은 너무 이성적이고 조심스러워 예언적 비전을 창조하거나 보존할 수 없다. 현자는 그가 충성을 바쳐야 하는 진리와, 그것과 대립상태에 있는 다른 진리와 균형을 잡는 데 있어 지나치게 능력이 많다. 따라서 그는 지성주의의 끝없는 이율배반에 그 자신을 결부시킨다.

이 철학자는 이 운명을 빠져나가기에 충분한 기독교인이다. 그러나 그는 극복해야할 또 다른 위험을 가지고 있다. 왜냐하면 그는 일종의 정치인이기 때문이다. 오랜 세월동안 그는 교회의 지도자로서 막중한 책임들을 수행해왔다. 그리고 한 조직에 연루된 책임 있는 리더가 무책임한 예언자보다 용기 있게 말하는 것은 항상 더 어려운 것이다.

그러나 그는 그것을 완수해냈다. 여기에 기독교적 삶의 능력에 대한 입증이 있다. 여기에 토마스 아퀴나스와 이노센트 3세와 프란시스코 같은 모든 것이 한 사람에게 속해 있다. 물론, 그는 프란시스코 같은 절대주의자가 아니다. 그리고 그의 권력은 이노센트만큼 위대하지 않다. 그러나 그의 학식은 아퀴나스의 그것과 호의적으로 견줄만하고, 위대한 중세 철학자처럼 그는 형이상학의 연구를 사회경제의 그것과 통합시켰다.

내가 주교들bishops에 대해서 그렇게 비판적인 반면에, 나의 가장 위대한 영웅이 주교bishop여야 한다는 점이, 그리고 내가 나 자신을 반 청교도주의자라고 부르는 반면에, 영웅이 감리교 감독bishop*이어야 한다는 점이 낯설다. 그렇게 삶은 우리의 편견들과 일반화들에 도전한다.

---

* 역주. 영어의 bishop을 국어에서 가톨릭과 성공회의 주교와 감리교의 감독으로 번역하는바, 세군데 모두에서 사용된 bishop을 문맥에 따라 혼용 번역함.

1928

13년간의 목회를 마치며

나는 항상 내가 꽤 잔혹한 현실주의자라고 생각했으나, 지금은 그 모든 것이 감상적인 설교자를 감추기 위한 가장이라고 의심하기 시작하고 있다. 어쨌든 지금 내가 그 단계를 밟기란 거의 불가능하다고 생각했던, 교회와 나의 연결을 끊어야 할 그 때가 왔다. 목회적 관계와 똑같은 것은 없다. 나는 여기에 머무르며 사랑스런 어린아이들이 자라나는 것을 보기 위해 미래를 거의 기꺼이 희생하려 했고, 내가 입교시킨 젊은 소년들과 소녀들이 남자 성인과 여자 성인으로 꽃피어가는 것을 보려 했다. 나에 대해 가짜인 어떤 것이 있음에 틀림없다. 여기서 나는 "모든 사람이 네게 좋게 말한다면 네게 화 있을 진저"라고 외치며 13년 동안 복음을 전파했으나, 나는 그 13년 동안에 심각한 논란을 일으키지 않고 떠난다.

제정신이면서 동시에 기독교인이기란 거의 불가능하다. 그리고 전체적으로 볼 때 나는 기독교인보다는 좀 더 제정신인 상태에 더 가까웠다. 나는 내가 믿는 것을 말해왔지만, 나의 신조 안에서 사랑의 복음의 신적인 광기는 내가 아리스토텔레스적이라고 불렀던, 그러나 비우호적인 비판자는 기회주의적으로 부를, 중용에 대한 고려들에 의해 자격을 갖춘다. 그러한 자격들이 없다면 기독교 윤리는 금욕주의로 퇴보하고 더 큰 사회의 사건들에 대한 어떠한 방향성도 제시 못하는 쓸모없는 것이 될 것처럼 보였기 때문에, 나는 이런 자격들을 만들어 왔다.

나는 누군가가 문명에 저항하여 금욕주의적 혁명을 실행하면 안 된다고 말하는 것이 아니다. 분명히 그 속에는 권력과 탐욕의 동기 위에 건설된 문명에 사랑의 원칙을 적응시키려 노력하는 사람은 누구도 찾을 수 없는 평화가 있을 것이다. 우리 헌신의 절대적 이상과 즉각적인 상황의 필요성들 사이에서 적응을 하는 우리 같은 사람들은, 우리가 올바른 곳에 적응을 했는지 결코 확신할 수 없기 때문에 평화가 없다.

절대적 기초를 떠난 모든 도덕적 입장은 어떤 이기적 목적을 합리화시키는 위험을 안고 있다. 다른 사람들의 알려진 합리화와 위선에 대하여 그들을 그렇게 심하게 비판하는 나의 경향성이 나 자신의 불안함으로부터 솟아났다는 사실에 대해 내가 의식하지 못하는 것이 아니다.

내가 금욕주의적 실험 안에서 많은 것을 얻을 수 없다는 것을 알기 때문에, 나는 예수의 윤리를 그리스적 경계caution라 불릴 수 있는 것들과 결합하기 위한 노력을 끊임없이 감수한다. 사랑의 원칙이 복음 안에서는 자격을 갖추지 못하고 그 원칙은 가장 친밀한 인간 연합체들 외에서 자격이 갖추어져야만 한다는 것을 사람들이 인정한다면, 그것이 내겐 좀 더 부정직을 피하려는 것처럼 보이는 것을 예외로 하고, 나는 그러한 전략을 복음의 완전한 권위라고 주장할 수 있을 것이다. 문명의 일들을 다룰 때, 사람은 사랑의 원칙을 가능한 한 효과적이 되게 하려 노력하지만, 그는 그러한 사회가 잔혹하고, 기독교적 원칙은 결코 그 속에서 누룩 이상이 될 수 없다는 결론을 피할 수 없다.

교구 목회의 관계들에 있어서 내가 진정으로 행복하지 않았던 때는 결코 없었다. 교회는 진정으로 사랑의 공동체가 될 수 있고, 사람들에게 가족관계 밖에서 형제애라는 원칙의 효력에 대해 새로운 확신을 줄 수 있다. 양심의 질문들과 거리낌들은 사람이 교회를 사회에 대한, 특히 현대 산업화의 사실들에 대한 관계 속에서 재단할 때 일어난다. 내가 보기에 우리가 어떤 승리를 주장하는 것보다 실패를 인정하는 것이 더 나은 것처럼 보이는 시점이 바로 이 시점이다. 기독교 윤리의 승리에 대한 어떠한 미숙한 확신은 단지 양심을 혼란스럽게 만들 것인 반면에, 그러나 실패에 대한 인정은 어떤 유형의 큰 승리로 이끌 수 있다.

현대의 산업, 특별히 미국의 산업은 기독교적이 아니다. 그것을 움직이는 경제 세력들은 진정으로 윤리적인 고려들에 의해서는 단 한 항목에서도 자격을 갖추기가 거의 힘들다. 만약,

미국의 산업이 초기의 대성공의 상기flush 속에 있는 동안에, 도덕법의 제약 아래로 그것을 데려오는 것이 불가능한 것처럼 보인다면, 법 없는 삶은 그 자체를 파괴시킨다는 것을 아는 것이 믿음을 강화시킬 수 있다. 만약 교회가 다른 어떤 것도 할 수 없다면, 교회는 쓰디 쓴 경험으로서의 그러한 날이 완고히 반항하는 문명을 지금은 그것이 소유하지 않은 겸손에게로 강제시킬 때까지 진리의 증언을 할 수 있다.

옮긴이
송용섭

연세대학교 신학과(B.A.)
연세대학교 연합신학대학원(Th.M.)
에모리 대학교(M.Div.)
드류 대학교(기독교 사회윤리학 전공, Ph.D.)
현. 연세대학교 한국기독교문화연구소 전문연구원.

길들여진 냉소주의자의 노트

2013년 5월 10일 초판 1쇄 인쇄
2013년 5월 19일 초판 1쇄 발행

지은이 | 라인홀드 니버
옮긴이 | 송용섭
펴낸곳 | 도서출판 동연 펴낸이 | 김영호
등 록 | 제1-1383호(1992. 6. 12)
주 소 | 서울시 마포구 망원2동 472-11 2층
전 화 | (02)335-2630
전 송 | (02)335-2640
이메일 | yh4321@gmail.com

Copyright ⓒ 도서출판 동연, 2013

이 책은 저작권법에 따라 보호받는 저작물이므로
무단 전재와 복제를 금합니다.
잘못된 책은 바꾸어드립니다.

ISBN 978-89-6447-199-9 03200